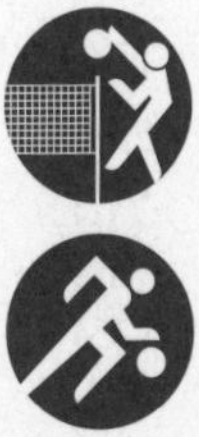

スポーツルールの論理

守能信次
Shinji Morino

大 修 館 書 店

はじめに

　数年前のこと、恒例のクラス対抗バレーボール大会を終えて教室に入ってきた体育学部の学生諸君を相手に、「さて、今日の試合でルール違反をした人は手を上げて下さい」と訊いたことがあります。誰も手を上げる者はいません。そしてみながみな、ルールをよく守ってバレーボールをした、というのです。これがまあ、当の質問に対する、ごく普通の反応だといってよいでしょう。

　おそらく彼らは、審判の判定に文句をつけなかった、スポーツマンシップに則り正々堂々とバレーボールをしたという意味において、自分たちはルール違反をしなかったというのでしょう。こうした考え方は常識に即したごく健全なもので、たとえば学校の運動会などで、今日はルールを守って元気にがんばりましょう、といった内容の挨拶を校長先生がするのも、これと同じルール認識に基づいてのことです。スポーツは公正・公平・平等といった価値観に即して行われることが大切で、それがルールを守るという態度につながります。スポーツのルールも社会の法律も、安易に犯されることがあってはなりません。ルールを守ることの大切さは常に強調されている必要があり、文部科学省も学校体育の指導に関する文書のなかで、「競技ではルールを守って公正に」行うことが重要であると述べているとおりです。

しかしながら、ここで少し、こうした常識に異論をとなえることにしましょう。というのは、そもそもバレーボールというのは、両チームの誰かがルール違反をしない限り、永遠に決着のつかないスポーツではないかと考えられるからです。このスポーツでは三回以内のタッチで、ボールを相手コートに返さなければなりません。つまり一方のチームがポイントを得たというのは、もう一方のチームが三回以内のタッチでボールを返せというルールに違反したことを意味しています。ほかのスポーツも同じで、オフサイドを禁止するルールに選手が違反しないサッカーやラグビーというものを、あるいはボールを持って二歩以上歩くこと、つまりトラベリングというルールが犯されないまま終了するバスケットボールというものを、私たちは想定することができません。もちろん、そのいずれもが犯そうとして犯す違反でなく、技術的な種類のさまざまな不幸が重なり、わが意に反して犯してしまう違反、あるいは気がついたら犯していた、といった種類の違反です。たとえ選手が公正・公平・平等といった価値観に徹してスポーツを行うとしても、そこでルール違反というのは、どうしても起きてしまうものなのです。

このように見てきますと、社会にある法律とスポーツルールとの間に横たわる、ある根本的な性格のちがいが浮かび上がってきます。すなわちスポーツには、選手が自分で犯すにせよ相手に犯させるにせよ、はじめから違反されることを前提として定められたルールがあります。もちろん進んで違反をしてよいわけはありませんが、かといって違反せざるを得ない、そうした一群のルールをスポーツはもっているということです。これに対して、社会にはそうした性格のルールはありません。そうしたルールが存在すること自体、社会はどのようにも許すことがありません。

このことについて身近な例を挙げますと、私は運動不足の解消をかねて、よく自転車のロードレーサーを駆って朝夕の通勤をします。そのとき大いに困るのは、やはり自転車に乗って道路の左側を、こちらに向かって走ってくる高校生の通学集団と出くわすことです。ぶつかりそうになることもあるので注意をすると、いかにも心外だというふうな顔をしてこちらをにらみ返す生徒もいます。おそらく彼らは、自転車も車輛の一部をなすという、道路交通法の規則をよく知らないのでしょう。ただ、そうした高校生にしても、進路を妨害して私にミスを犯させようといった意図のもとに、道路の右側を走っているわけではありません。そうした行為が社会で許されないことは、すでに彼らも十分承知しているはずですから……。

一方、私の好みのスポーツであるウインドサーフィンにも、道路交通法とよく似た通行上の規則があります。二人のウインドサーファーが海上ですれちがうとき、右肩を前にして進むスターボードタック、略してスタボーの位置にある乗り手が優先権をもつと定められ、反対のポートタックで進む乗り手は進路を譲らなくてはなりません。この場合、スタボーなどとカタカナ語でいっても具体的な意味をなしませんから、海でほかのボードと交差する可能性のあるとき、私はいつも「右肩上がり」といった使い慣れた言葉を復唱しながら、自分に優先権があるかどうかを確かめることにしています。陸上で自転車や自動車を操作している人が、自分に優先権があるからといって対向車目がけて突っ込んでいってよいわけはありませんが、ウインドサーフィンやヨットの競技ではそれが許されます。優先権をもつウインドサーファーは対向する相手の進路を意図的に阻んで迂回することを強いたり、あるいはそうすることで相手を窮地に追い込み、ルール違反を誘うこともできるのです。

社会にある法律のうち、道路交通法はもっとも頻繁に犯されやすい法律だといわれます。しかし、たとえそうであるにしても、それは決して、違反されることを前提として定められた法律ではありません。故意にせよ過失によるにせよ、それが破られるということはあるでしょう。しかし破られることを前提に、あるいは人に何かの働きかけをして破らせることを目的に、この法律がつくられたのではありません。そうした規範はそもそも社会に存在することさえできないのですが、スポーツの世界にはいくらも存在します。そのために社会通念からすれば「汚い」と呼べるような、フェイントを織り交ぜた戦術や戦法もスポーツでは可能となってきます。しかし右に述べたような事情からして、社会の法律とスポーツのルールを、またそれらによって取り仕切られる行為や行動を、まったく同じ尺度で評価していくことは、時として意味をなさないことになります。

私たちが何かを考えようとするとき、とくに科学的な目で物事の真理をつきとめようとするとき、いわゆる常識の枠を乗り越える必要に迫られます。ここで天動説と地動説を例に挙げるのは少々大げさで気恥ずかしい思いもしますが、私たちが日常生活を営む上でプトレマイオスの天動説はたいへん有用なもので、実際、朝になると太陽は東から上がり、大地は動かずにじっとしています。しかし科学的に見るとどうかといえば、それはすでに私たちの誰もが知っているとおりです。これと同様、スポーツルールをもっぱら公正・公平・平等といった価値観から捉え、それに違反するなという常識は、実際にスポーツ活動をする上においてとくに何らの支障ももたらさず、むしろ実場面においてはたいへん有用でありさえするのですが、しかし社会科学的な認識や論理からすると、どうでしょうか。いくら守りましょうと選手にいっても、守ることのできないルールがスポーツには数多くあるのです。そればかりか、以下の本論でも詳しく述べるように、守るとか守らないとかいう議論以前に、そもそも選手には違反することのできないルールが、スポーツの世界には数多く存在しています。こうした物の見方は、常識的なスポーツルール認識から生まれてくることはありません。また、そうした常識論に依拠する限り、社会科学的な認識と論理に立ったスポーツ論が現れ出ることも期待できません。地動説的なスポーツルール論が必要となる所以です。

本書はスポーツルールの存在様式を、常識的な道徳論に依拠するのでなく、社会科学的な論理のなかで明らかにすることを目的としています。スポーツのルールが存在する意味と理由について絶えず問いかけを発しながら、それがどういう働きをするものかのルール機能論、またそれがどういう要素のものから成っているかのルール構造論、そして、そういうルールに支えられているスポーツとはどういう性格の人間活動であるかの現代スポーツ論を、その内容としています。

スポーツに日常的に親しんでいる人びと、その競技を取り仕切る審判団のメンバー、スポーツ科学に興味のある高校生や大学生、スポーツ競技の展開を社会に伝えるマスコミ関係者やスポーツ・ジャーナリスト、スポーツの指導者と研究者、そして広くスポーツに関心のある人びとに本書を読んでいただき、忌憚のないご意見を賜ることができれば幸いです。

スポーツルールの論理　目次

第4章　社会のなかのスポーツとルール

序章

じゃんけんからルールを考える

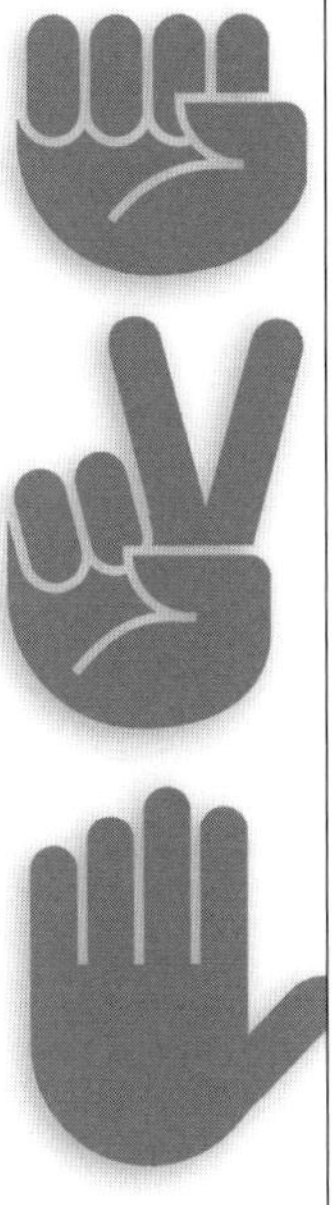

日本古来の遊びに拳遊びがあります。向かい合った二人が互いに声を掛け合い、あらかじめ決められた手指の動作をして勝ち負けを決める遊びです。

この拳遊びには、大きく分けて二種類のものがあります。一つは数を言い当てるなどして勝敗を争う「数拳《すうけん》」で、その代表格としてあるのが高知県で盛んに行われる箸拳《はしけん》です。もう一つは「三すくみ拳」と呼ばれる拳遊びで、そのうちの代表的なものが、日本人なら誰でも知っている、あの「じゃんけん」です。鬼や順番を決めるのにごく当たり前のようにして用いられるこのじゃんけんについて、それがどういうルールと仕組みから成り立っているゲームなのかを、ここで考えてみることにしましょう。

スポーツのことを語る本書でなぜじゃんけんを取り上げるのかと、不思議に思う人がいるかも知れません。実はじゃんけんもスポーツも勝ち負けを決めることを目的に行われるゲームであり、その意味では同じ範疇に属する遊びなのです。それゆえ仮にじゃんけんが常に全力疾走で行われるゲームであったなら、これもスポーツの一つに数えられていたであろうことは疑いありません。もちろんじゃんけんはスポーツとちがって、ほんの一瞬で勝負がついてしまいます。あれこれの道具や施設も必要としません。しかし、このじゃんけんを取り仕切るルールを整理してまとめてみますと、決着がつくまでに長い時間を要するサッカーや野球、あるいは場合によっては延々と果てしなくゲームがつづく可能性のあるテニスやバレーボールといったスポーツを支配するのとまったく同じ種類の、勝ち負けを決めるのに必要にして不可欠なルールの一式が、すべて浮かび上がってきます。それはそれで当然のことで、いかに単純と複雑のちがいはあれ、ともに勝ち負けを決めることを目的とした遊びである以上、その勝ち負けを決める仕組みそのものについては、じゃんけんもスポーツも基本的に同じであるはずであり、また同じでなくてはならないといえるからです。

コイントスといったものを除けば、じゃんけんは勝敗を決するための、おそらくはもっとも単純にして非の打ち所のない遊びです。勝ち負けを決める遊びの、いわばプロトタイプ的存在であるじゃんけんのルールについて見ていくことは、以下の各章で展開するスポーツルールの機能論や構造論を理解するための、申し分のない導入的役割を果たしてくれるはずです。

1　じゃんけんルールに見る「形式」の問題

じゃんけんで勝ち負けを決める仕組みの根幹部には、いわゆる「三すくみ」の関係があります。誰でも知っていることですが、ここでそれを改めて言葉にして書き表しますと、指を握ったのを〔石〕、指を開いたのを〔紙〕、人差指と中指を二本出したのを〔鋏〕とし、この〔石〕〔紙〕〔鋏〕のそれぞれが、ほかの一つには勝つが、もう一つには負ける、という相互関係が「三すくみ」です。つまり、どれ一つとして絶対的な力を備えない、というのが、三すくみの関係に見られる本質的な特徴です。

この三すくみの関係をルール的に見ていきますと、それはまず、〔石〕〔紙〕〔鋏〕のどれかを出せ、あるいは〔石〕〔紙〕〔鋏〕のほかは出すなという行為規範、すなわち命令としてあります。もちろんこの場合、〔石〕〔紙〕〔鋏〕のそれぞれは、前述したとおりの手指の形をしたものでなくてはなりません。

ところで、〔石〕〔紙〕〔鋏〕の三すくみ関係で争われるじゃんけんは、そこに〔石〕という要素が入っていることから「石拳」とも呼ばれます。そして表1に示すとおり、わが国ではこの石拳以外に、いろんな名前を持つ三すくみ拳が遊ばれてきました。たとえば「庄屋拳」と呼ばれる拳遊びでは〔庄屋〕〔狐〕〔猟師〕が三すくみの要素を構成し、〔庄屋〕は〔猟師〕に勝つが〔狐〕に負け、〔猟師〕は〔狐〕に勝つが〔庄屋〕に負け……といった具合に、それぞれの力関係が決められています。「石拳」とちがってこうした三すくみ拳になると、もはや手指を動かすだけでは要素の形を表現することができず、腕や足や、さらには身体全体までが動員されて遊ばれることになります。たとえば「清正拳」の〔加藤清正〕は槍を大上段に構える格好をしてエイヤッと叫び、〔虎〕は両手を頭上にかざしてウォーと吼《ほ》え、〔母親〕は優しく杖をつく、といった具合となり、これは野外キャンプなどでのレクリエーション・ゲームとして、子どもたちの間でよく行われています。

さて、ここまで述べてきたことから、どのようなことがいえるでしょうか。

石拳のほかにも、各種の要素から成る三すくみ拳があるというのは、この種のゲームでは三すくみの力関係があらかじめ確定されていることが重要なのであって、何を三すくみの要素として用いるか

表1　各種のじゃんけん

石拳	石	紙	鋏
庄屋拳[注1]	狐（手の平を目の高さで相手に向ける）	猟師（握った両手で鉄砲を持つ形をする）	庄屋（手を膝の上に置く）
清正拳[注2]	加藤清正（槍を構える）	虎（ガオーと吼える）	母親（杖を突く）
ブーサー[注3]	火（親指を出す）	水（小指を出す）	蛇（人差し指を出す）
虫拳	蛙（親指を出す）	蛇（人差し指を出す）	なめくじ（小指を出す）
世直し拳[注4]	福（腹を抱えての笑顔）	鬼（両手で角をつくる）	豆まき（豆を投げる）
足拳	石（両足を閉じる）	紙（両足を横に開く）	鋏（片足で立つ、両足を前後に開く）

注1：狐拳、藤八拳、安来拳とも呼ばれる。
注2：もとは虎拳と呼ばれ、近松門左衛門「国姓爺合戦」の主人公・和唐内が槍を持った。これを虎退治の加藤清正に置き換えたのが清正拳。舞台に置かれた屏風の裏で形を作り、音楽に合わせてそれぞれの格好で登場して勝ち負けを決める。
注3：沖縄、奄美地方で行われる三すくみ拳。「ブーサーシー」のかけ声で行う。
注4：歌と踊りの後に拳を打つ。

はそれほど本質的な問題でない、ということです。

私たちがふだん、鬼や順番を決めたりするのにじゃんけんを用いるのは、それが単純な手指の動作だけで遊ぶことができて時間も要さず、たいへん便利である、という理由に基づいています。そのことの意味をどこまでも追求していけば、何を三すくみの要素として用いるかは、つまるところ簡便さや好き嫌いといった問題に行き着くこととなり、それゆえ鬼や順番を決めるのに石拳でなく、いちいち手間のかかる庄屋拳や清正拳を用いる人たちが仮にいたとしても、ちっとも不思議ではありません。結局のところ、そうするのがよいとその人たちが考えればそれでよく、この場合に重要なのは、用いる三要素の種類とその力関係とが、あらかじめ当事者の間で納得づくで決められているということです。

あるいは、こんなふうにいうこともできるでしょう。

〔石〕〔紙〕〔鋏〕や、〔庄屋〕〔狐〕〔鉄砲〕の組み合わせに見る三すくみの力関係は、私たちの常識から勝ち負けの結果を類推させてくれる、たいへん便利で合理的なものです。しかしながら、たとえそうであっても、この関係が常に絶対にそうでなくてはならない、という理由はどこにもありません。ここではもちろん、敢えて常識に反する議論をしているのですが、たとえば弱きは最後には強きを制するという考え方のもと、〔紙〕が〔鋏〕に勝ち、〔鋏〕が〔石〕に勝ち……といった逆方向の取り決めをしても、それはそれでよいことになります。実際に私がある人から聞いた話では、関西のある学校では子どもたちが、そうした逆方向の力関係でじゃんけんの勝ち負けを決めているそうです。

　このように考えてくると、冒頭に示したとおりの手指の形において〔石〕〔紙〕〔鋏〕を出せ、それ以外のものは出すなという命令は、ある種の「形式」、つまり《そうであってもなくてもよい形式》を強要しているルールだということになります。実際、三すくみの関係で勝ち負けを決めるに当たり、互いに出し合うのは〔石〕〔紙〕〔鋏〕という「形式」であっても、それとはまったく異なる〔庄屋〕〔狐〕〔鉄砲〕という「形式」であってもよいわけです。極論すれば、〔石〕〔加藤清正〕〔蛇〕の組み合わせであってもよく、この場合は勝ち負けの結果について常識的な類推が働かないのでゲームの運営と管理が少々面倒になりますが、それでも三要素間の力関係をあらかじめ当事者間で決めておきさえすれば、勝敗を決することそれ自体に、本質的な不都合が生じるとは考えられません。

　《そうであってもなくてもよい形式》を強いるこのルールは、とくにじゃんけんだけに固有の、ことさら珍しい種類のものではありません。それは私たちの日常生活を取り仕切る各種の規則と、よく性格の似通ったルールです。たとえば私の住んでいる地域では、生ゴミは火曜日と金曜日の朝に出すことになっています。そういうふうに市役所が規則を決め、その日になるとゴミの回収車が回ってきます。生ゴミを出す日は実際、月曜日でも木曜日でもよいでしょう。火曜日と金曜日でなければならないという絶対的な理由はありませんから、これも一つの「形式」を定めたルールだということができます。もちろん、いったんそう決められた以上、絶対的根拠のない「形式」のルールであることを理由に、それを守らないということは許されません。いろいろな選択肢があるうちのどれでもよいが、敢えてそのうちのどれか一つにあらかじめ決めておく、そうすることで行動を取りやすくさせる——何を三すくみの要素に用いるかというじゃんけんルールも、これと同じ意味合いのものです。

2 違反のできないルール

じゃんけんを支配する三すくみのルールは、詳しく見ると二つの部分からなっています。一つは右で説明したとおり、手指の出し方に関する「形式」を守れ、という命令です。もう一つは要素間の力関係を定義した部分で、こちらは遊ぶ人に対して、とくに何らかの命令を発することはしていません。定義をするだけで命令をしていないとは、別の言葉でいうと、じゃんけんをする人に違反のできないルールだということです。

じゃんけんにおいて重要なのは、三すくみの要素にどういう「形式」のものを選ぶか、またそのようにして選んだ要素間の力関係をあらかじめどう決めておくか、という点にありました。誰でも知っているように、石拳では、石＜紙＜鋏＜石＜……という関係があらかじめ決まっています。この関係は絶対にそうでなくてはならないというものでなく、そういうふうに「形式」的に取り決めた関係にすぎないのですが、しかしいったん、それで行こうと決められるや、相互の力関係を定義するこのルールは、勝ち負けを決する上で絶対的な威力を発揮します。

こうしてじゃんけんでは誰が何と言おうが、〔石〕と〔石〕は「あいこ」でやり直しという結果だけが、また〔石〕と〔鋏〕とでは〔石〕が勝つ、という結果だけが生まれます。これはじゃんけんで何かを決めようとする当事者や、それを横で眺めている人たちのあらゆる主観や恣意、勝ち負けにかかわる事前の期待や願望などをいっさい超越したところで、そのように決まります。俗ないい方をすれば、総理大臣であれ大企業の社長であれ、どんなに偉い人が出てきて何を言おうが、〔石〕は〔鋏〕に勝ち、〔鋏〕は〔紙〕に勝つ、あるいは〔石〕と〔石〕はあいこである……という結果だけが、自動的にというか機械的にというか、ともかくもそのような形で決まるということです。

それゆえ「あいこ」を認めないとか、自分は〔石〕を出しておきながら〔紙〕を出した相手に負けを認めないという人が仮にいたとしても、その人は三すくみの力関係を定義したルールに違反をしているのではありません。この場合、事態はずっと深刻です。その人はじゃんけんというゲームの存在様式を否定する人、つまりはじゃんけん遊びの破壊者ということになるからです。実際、こういう人にかかると、じゃんけんを含めて、そもそも遊びは何の意味も価値ももたないものになってしまいます。それはそれでまた当然のことで、遊びというのはその価値を認める人だけが、つまり遊びたい人だけが遊べばよいものだからです。もっとも、だからといって、それほど心配する必要はありません。じゃんけんの意味や価値を根底から否定するゲームの破壊者は、はじめからじゃんけんなど決してやろうとはしないはずです。フランスの思想家カイヨワも述べているように、「遊ぼうという欲望、つまり遊びの規則を守ろうという意志によってだけ、規則は維持され（こうして人は）『遊びを遊ぶ』か、それともはじめから遊ばないか、どちらか」を選ぶものだからです（『遊びと人間』）。

「あいこ」を含めた三すくみの力関係を定義するこのルールは、じゃんけん遊びを進行させ、それに最終的な決着をつける上で不可欠の役割を担います。その力関係を適用するに当たって遊ぶ人の主観や願望が関与しないこと、つまり遊ぶ人に違反のできないことは、とくに勝ち負けに決着をつける上に欠かせない要件となります。

3 じゃんけんに見る犯罪

これまで見てきたのはいずれも「形式」にかかわるルール、つまり《そうであってもなくてもよい》という性格のルールでしたが、じゃんけんにはまた、《そうでなくてはならない》という実質的な意味内容を備えたルールも存在します。

こう書けば何のルールを指しているのか、もうお分かりでしょう。いわゆる「あと出し」を禁止するルール、あるいは「同時に出せ」と命令するルールがそれです。近ごろは大人も子どもも「最初はグー」と声を掛け合いながらじゃんけんをするのが一般的なようですが、これはもちろん意味のない儀式でなく、お互いに「あと出し」をすることのないよう、呼吸合わせをするための創意溢れた工夫ということができます。

この「あと出し」を禁止するルールは、右で見た「形式」を強要するルールと、どういう点においてちがいを有するのでしょうか。

この問いに対しては、このルールに違反する人があった場合の、相手の反応の仕方を考えれば容易にその解答が見つかります。「あと出し」があったとき、相手は必ずこういうはずです――「そりゃ、ずるいよ」と。そしてこの場合、これからじゃんけんで決めようとする勝ち負けや順番に備わる意味の重要性いかんによっては、ケンカがはじまるかも知れません。

一方、〔石〕〔紙〕〔鋏〕のどれかを、決められたとおりに出せという「形式」のルールに違反があった場合、具体的にどういう言葉を発するかは別として、少なくともその相手は「ずるい」といった意味内容の言葉は決して口にしないはずです。そうした「形式」命令に違反のあった場合、三すくみの力関係を適用するための判断材料を欠くことになり、したがって「形式」に違反した人が勝つということもありません。これに対して「あと出し」は単なる「形式」違反でなく、勝ち負けを決する上で尊重されるべき公正・公平・平等といった価値に背くマナー違反であり、大げさにいえば人間としてやってはならない一種の詐欺行為、つまりは犯罪ということになります。「そりゃ、ずるいよ」という声が発せられるのも致し方のないことです。

4 文章化のむずかしいルール

これまで見てきたじゃんけんのルールを内容別に整理しますと、

①「形式」（手指の形）についての命令
②「形式」（三すくみの力関係）についての定義
③マナー違反（あと出し）の禁止

の三つになります。この三ルールがあれば不都合なくじゃんけんをすることができますが、これ以外にもなお若干の付随的なルール、あるいはルールらしきものの存在が考えられます。たとえば、グズグズしないでさっさとやれ、「最初はグー」などの掛け声によって同時に出すよう心がけよ、相手がよく見えるところに手を出せ、といった命令がそれです。こうしたルールが全体として命じているのは、じゃんけんがスムーズに進むよう互いに協力してやりなさい、という、じゃんけん精神の励行です。

こうした協力精神、あるいはじゃんけんマナーを訴えるルールは、右の三ルールとちがってなかなかに微妙な問題をはらんでおり、明確な形でこうだと、書き言葉にして表すことがたいへんむずかしいところにその特徴をもっています。

たとえば私の子ども時代、じゃんけんをはじめるに当たって組み合わせた両掌を裏返しにして上にあげ、それを下から覗き込むという儀式を誰もがやったものでした。もちろんそれで相手の出す手が分かったり、何らかのご託宣が天から下るというわけでもなく、仮にこの儀式に子どもなりの意味があったとすれば、じゃんけんをする相手への威嚇――ボクはキミの手の内を知ってるぞ、といった――のようなものでしょう。たしかに威嚇をして相手にプレッシャーをかけるには少々の時間と手間をかけなければなりませんが、かといって、その儀式をいつまでもグズグズと続けると、仲間から非難の声が上がることになります。ただ、そうはいってもこの場合、ルール的にどこまでのグズグズを遅延行為と判断するかの線引きはむずかしく、まさかストップウオッチで時間を計るというわけにもいきません。あるいは「最初はグー」という掛け声にしても、それを採用するかしないかは当事者の判断に任されることで、それなしでもじゃんけんをすることはできます。また「最初はグー」でなく、各地方でその声の掛け方にはいろいろなバリエーションがあるはずで、たとえば大阪で育った私の子ども時代、「最初はグー」に比べればずっと長いセンテンスの、しかしここで文章にして書き表すことは大いに憚《はばか》られるような、まことに下品でナンセンスな内容の掛け声が叫ばれたものでした。ともあれ、どのような掛け声をかけるにせよ、あるいはかけないにせよ、調子を合わせるという「協力精神」においてじゃんけんに臨むことが当事者には常に期待されており、その「精神」がマナールールの一つとして認められていれば十分であって、それを改めて杓子定規な文章をもって規範化することは、却って各種の不都合を招くことにもなりかねません。明確に文章化はできないものの、民法第三編にある「信義誠実原則」のようなルールが、じゃんけんにもあるということです。

5 じゃんけんにはなぜ変種があるのか?

スポーツを含めた遊びのルールを、もっぱら公正・公平・平等といった種類の価値観と結びつけて考えたり、そうした価値の実現にルールの究極の役割を見たりすることがあるのは「はじめに」でも少し触れたとおりです。もちろん、じゃんけんもルールに従って、公正に行われるべきであることはいうまでもありません。ただ、そのようにじゃんけんを公正に行わせることそれ自体に、じゃんけんルールが存在する最重要の理由があるとは考えられません。仮にそうであるなら、遊びのルールが改定される理由、じゃんけんの場合は、それがいくつもの変種をもつにいたった理由が説明できなくなるからです。

『日本大百科辞典』（小学館）によれば、石拳は元禄時代の初期に、中国から長崎に伝えられたとされます。その石拳が時代を経て各種のじゃんけんへと変化したわけですが、仮にじゃんけんのルールが公正や平等を保障するためだけにあるとすれば、その点についてルール的に何の不都合もないはずの石拳のほかに、私たちはとくに変種のじゃんけんをあれこれもつ必要は何もないことになります。遊びの場であれ宴会の場であれ、石拳によって順番や勝ち負けを決めればそれでよいことであり、あるいはコイントスでもその用は十分に足ります。それでもルールに手直しが加えられ、各種の三すくみ要素からなる変種のじゃんけんがいくつも考え出されてきたというのは、公正や平等といった価値の保障にとどまらない、さらに別の何かを求めてのことだというほかありません。

ここに登場してくるのが面白さという概念です。石拳でやっても何か面白くない、飽き足らないとなったとき、人は面白さを求めてまた別の組み合わせを考え、そうして新たな三すくみの要素を考案してルールに書き込むのです。こうして出来上がった新しい三すくみの要素も石拳と同様、《そうであってもなくてもよい形式》からなるのですが、それも他の「形式」と同様、真実や正義といった概念でなく、それを面白いと見る遊ぶ人の主観によって正当化されることになります。こうしてじゃんけんのルールは最終的に、この面白さを保障するために存在すると考えることができるのです。

フランスの子どもが「遊ぼう」と友だちを誘うとき、日本語の「遊び」や「遊ぶ」に当たる言葉（jeu、jouer）は用いません。彼らはオン・サミューズ（On s'amuse?）、「何か面白いことをしない？」と問いかけるのであり、このことはじゃんけんやスポーツを含めた遊びの意味を、またそれを成立させているルールの意味を考えていく上で、大きな示唆を私たちに与えてくれます。人が遊ぶというのは、何か面白いことをすることにほかなりません。そしてその遊びを、人はルールの定めるところに従って遊びます。なぜでしょうか？　そうしなければ面白くないからです。「あと出し」を許さないルールが公正・公平を保障するのも、そうでなければ面白くないからです。じゃんけんをはじめとして、面白さを欠いた遊びはこの世に存在し得ないばかりか、そもそも存在するべき理由がありません。どのようなものが面白さを欠いた遊びなのか、残念ながら私たちはその実例を見ることができません。なぜなら右に述べた論理からして当然、そうした遊びはすでに私たちの眼前から消えてなくなっているはずですから……。

ここまでに明らかになったじゃんけんルールの一覧を、表2に示しておきます。そこには四種類のルールが記されています。というより、勝ち負けを決める遊びのルールには、この四種類のものしかありません。『公認野球規則』には三〇〇ほどのルールが並んでいますが、そのすべてはこの表にあるうちの、どれか一種類に属します。じゃんけんもスポーツも、そのルールは同じ構造から成っているということです。

表2　じゃんけんのルール

種類	内容	特徴
実質に関する命令 じゃんけん精神の励行	さっさとやれ、調子を合わせよ、など	文章に書き表せないマナー規範
実質に関する命令 マナー違反の禁止	同時に出せ（あと出しをするな）	文章に書き表せるマナー規範
形式に関する命令 手指の出し方	✊か✌か✋を指示どおりに出せ （それ以外のものは出すな）	そうであってもなくてもよい形式
形式に関する定義 力関係の指示	✊＞✌＞✋＞の三すくみ 「あいこ」はやり直し	遊ぶ人に違反ができない

第1章

スポーツルールの機能

「社会のあるところルールあり」といわれます。スポーツの世界もそのとおりで、イギリスの哲学者ホッブスが『リヴァイアサン』で述べた《自然状態》のまま、各人がその意志を主張し合えば、スポーツ競技など到底、成立するものではありません。統一を保ち、秩序をつける仕組みがどうしても必要となり、かくしてスポーツルールがその役割を担って登場することになります。

ここでスポーツルールが奉仕する基本的な目的について簡単に述べれば、あらかじめ想定された基本的パターンに即したゲームの再現性の保障、とでもそれを言い表すことができます。そのことがあって、昨日行われた野球のゲームも、明日行われる野球のゲームも、私たちは同じ野球のゲームとして扱うことができるのです。あるいはもう少し別の見方をすれば、スポーツの記録に客観的な意味を与えて相互の成績比較を可能にすることをその目的としてもよいし、したがってこの場合、そのための条件設定の役割を担うのがスポーツのルールだということになります。タイムそのものを競い合う陸上競技や水泳だけでなく、今日では野球やサッカーといった球技にも記録はつきものの概念となっていて、それは選手の経済的価値などを評価するに際して重要な材料として用いられています。

またこういうふうにいうと、スポーツを道徳的な性格の活動とみなす人たちからお叱りを受けるかも知れませんが、スポーツ競技を賭けの対象として成り立たせるためにルールは存在すると考えても決して誤りではありません。この場合、賭けが社会道徳に反するとか反しないとかの議論はさしあたり、どうでもよいことです。それはルールでなく人間の側の問題であって、イギリス人がこぞって賭け好きな国民であることを考えるとき、世界に先駆けて彼らがスポーツとそのルールを近代化したというのも、一面うなずける点があります。賭ける賭けないは別として、少なくともルールは、この賭けを成立させるのに必要な諸条件のもとにスポーツ競技を展開させる、というところが重要です。カイヨワもいうように、好むと好まざるとにかかわらず「理想的な規則のある競争という性格をもつあらゆる戦いは、賭け、すなわちアレアの対象となる」のです。そして以上のいずれの目的にルールが奉仕するとしても、それは最大限、スポーツから冗長さを排し、《面白さ》を保障するものでなくてはなりません。

ルールが奉仕することの目的のなかに、道徳的な性格の価値観が顔をのぞかせることは基本的にありません。たとえばフェアプレーやスポーツマンシップを選手に強いるあの倫理的な規則にしても、人間が行うに値する意味を備えた活動としてスポーツを存在させようという意図に即して生み出されたところの、あくまでも手段としての行為規範にほかなりません。そして本書の最後の章で改めて述べるように、そもそもやってもやらなくてもよい遊びの一形式であるスポーツは、もともと倫理的にまったく無色の活動としてあり、したがってこの観点からすれば、その傷つきやすい倫理的無色性を極力保護するための手段としてあるのがルールであると、そのように考えることも許されるでしょう。

本書はスポーツの場でルールが担う機能について、次の三つのものを提案します。

①法的安定性の確保

②正義の実現
③面白さの保障

このうち、最初の二つの機能については従来のルール論においても指摘されてきたところですが、必ずしも一貫した論理性のなかで扱われてきたとはいえません。ここでは主として法律学の助けを借りて、その意味するところを明らかにしていきたいと思います。

三番目に据えた《面白さの保障》というルール機能は、冒頭のじゃんけんルール論でも触れたように、最も重要な性格をもつものです。法とスポーツルールがどのような点で異なるのかという問いに対する、機能面からの解答がこれであり、またスポーツルールが国家の法律に対して主張することのできる独自性と特殊性とが、この第三の機能でもって言い表されます。さらにいえば、いくつかのルールは直接的には第一および第二の機能を担うために定められたとしても、究極的にはこの第三の機能に貢献するために存在することになります。《面白さの保障》がスポーツルールの果たす最終かつ最重要の機能であるとは、まさにこうした意味においてのことです。

1　法的安定性の確保

ゲーテの言葉に《無秩序よりも不平等の方がましだ》というのがあります。

私たちの社会にも法秩序が打ち立てられ、たとえば罪刑法定主義という秩序原則は憲法が保障するところです。これによって私たち国民が何かをしても、それが現行の法律に抵触するものでない限り、たとえば支配者側の気まぐれによって刑務所に入れられたりするということはなくなりました。もっとも、各法律の条文の読み方や解釈の仕方には容易に恣意や専断が混ざりこみ、政治家や高級官僚がいくら汚職事件に連座しても、また大企業が談合や闇カルテルによっていかに暴利を貪っても、そうした不正を国民が最後まで徹底して追求することのできない仕組みが一方では出来上がっています。これに対して大衆が犯した罪については、それがどんなに軽微なものであっても確実に罰の適用が待ち受けていて、これもたしかに一つの秩序にはちがいありませんが、とすれば、そうした秩序のなかに生きる大衆を慰撫するためのものとして、右のゲーテの言葉があると言えるかも知れません。

いま右で見たような法社会学的な問題は、少なくともスポーツ競技の世界には存在しません。《身分より契約》という近代の社会思想がよりダイレクトに生きる競技場においては、仮に総理大臣の犯したミスであれ政界黒幕が画策した反則であれ、審判がルールに照らして違反行為だと判断すれば原則としてすべてが摘発され、処罰されることになります。いま、ここで「原則として」と書いたのは、一つには審判の目に触れない不正は摘発されることがないこと（これは俗にいう完全犯罪に当たります）、また一つには後述するアドバンテージ・ルール（第2章を参照）の適用により、敢えて審判は不正行為をそのままに放置することがあること、という二つの例外があるためです。しかしそのどちらのケースにしても、不正を犯した選手に何らかの治外法権的な利益を与えようとの意図があってのことではありません。

今日の司法は、統治行為論とか高度の政治的判断とかいった論拠を駆使して憲法判断を避け、結果的に国家が進めた既成の政策事実を追認するという、それ自体が高度の政治的判断を判決のなかで下すにいたっています。こうした傾向が裁判所の審級が上がるにつれて顕著となっていくのはもはや誰もが知っている事実ですが、やはりこうした問題、すなわちルール条項の恣意的解釈を強要する外圧の存在も、スポーツ競技の場では見られません。もちろん誤審をしたり手前勝手なルール解釈を押しつけたり、どちらか一方のチームに肩入れしてその不正を見逃すといった審判も、いないわけではありません。たとえば一九〇八年のオリンピック・ロンドン大会におけるイギリス人審判団など、その種の好例とされています。しかしこうした問題も結局のところ、イギリス人を含めて人間とはどういう存在であるかを考えたり、またスポーツ成績のもたらすあれこれの世俗的価値について見ていくときの一つの材料とすることはできますが、スポーツルールの本質を解明する上には、さしあたり関係のないことです。

私たちが日常の社会生活を営むに当たって、どのような行為が許され、また禁止されるのかを知らなくては、安心して行動することはできません。これを逆の面から見ていけば、社会がその成員に対してどのような行為を許容し、また禁止するのかをあらかじめ明示するのでなければ、その社会は混乱に陥ってしまいます。責任を担保にした義務という概念が社会の成員の間で共有される必要があり、そうした義務の明示されないところではまた当然のことながら、自由という概念も存在しません。こうした不都合な事態を避けるため、法によって社会に一定の秩序を打ち立てることを「法的安定性の確保」といいます。法が打ち立てる秩序の具体的中身に関する価値評価にはそれぞれの立場から賛成と反対の意見表明が可能ですが、ともあれソクラテスにならって《悪法もまた法なり》というときの悪法でさえ、一定の秩序維持には貢献しているわけで、したがってどのような内容の秩序であれ、少なくともそれを維持するという機能はすべての法について認められるところです。そしてスポーツのルールもまたこの機能を競技の場で担うことは、もはや多言を要しません。

いま右で述べたことをもう少し突き進めて考えますと、とくにスポーツルールの場合、「法的安定性の確保」という機能について確認しておきさえすれば、個々のルールが「なに」を規定するかの具体的な中身の問題には、当面、立ち入る必要がないということになります。スポーツの場合、種目を異にすれば許容される行為と禁止される行為、あるいは安全もしくは危険とみなされる行為の中身も変わってくるわけで、たとえば「人を殴るな」という規範はすべての球技でルール化されているのに対し、ボクシングではもちろんそうでありません。またラグビーの競技でいうタックルをサッカーの試合場面に持ち込めば、これは明らかに誰が見ても危険な行為であり、マナー違反だということになります。そして結局、私たちがここで考えなければならないのは、ルールが規定する個々の中身でなく（それについては直接ルールブックを見ればよろしい）、なぜスポーツルールは法的安定性を実現し得るのか、換言すれば、なぜ人びとはスポーツの場で、種目を異にすれば中身を異にするルールにいちいちそのとおり従うのか、あるいは従うべきなのかという、いわゆる遵法の根拠です。

この問題を理解するに当たって、イギリスの法制史家ヴィノグラドフの法規範論に登場する「指示」と「宣言」という二つの概念は、極めて重要な示唆を私たちに与えてくれます。彼はこう書いています。

「指示とは必ずしも命令ではない。それは正しいことと正しくないことについての宣言を含んでいる。読者の行く道の途中にある標識は、諸君に、右へ行けとか左へ行けとか命令しているのではない。その標識は、もし諸君が右へ行けば、諸君は甲地――これが諸君の目的地であるとしよう――に達するということ、それからもし諸君が左へ行けば、諸君は乙地に着くということ、すなわち、諸君の目的に関する限り、諸君は道をまちがえたことになる、ということを教えているだけである。法においても、まさにその通りである。若干の法規範は、人がある目的を実現したいと思うならば、どうしても履行しなければならないと社会が考える条件を、明示するにすぎないのである」（『法における常識』）。

またヴィノグラドフによれば、「法の基礎を構成するものは、一面的な命令でなく、合意」であり、それは「正しい行為と正しくない行為とについてのいろいろな宣言」を含み、「そしてその宣言は、社会の意思に従って公式的にのべられるものであり、その構成員の意思に対して指示を与える目的でなされる」ともされます。

スポーツのルールもこれと同様、本質的には右へ行けとか、左へ行けとか選手に命令しているのではありません。左右どちらに行く自由もあるが、ただし左へ行くのなら目的は達成できないぞ、罰が待っているぞ、あるいはその行為が無効になるぞ、といった趣旨の「宣言」をしているのです。そしてこの場合に重要なのは、そうして右の方向を選んだ選手が目的地を目指すに当たって電車に乗ろうが飛行機を利用しようが、それは当のルールの何ら関知するところでない、ということです。何に乗って目的地を目指すかは、そこまでの距離や利用可能な交通機関や自己資金の多寡などを考慮に入れて選手自身が自由に判断すればよいことであり、要するにこのことがスポーツでいう「技術」や「戦術」に当たります。それゆえ、この場合、《右へ行く》という行為の、目的に照らしての《正しさ》のみを指摘しておけば、それで指示としてのスポーツルールの役割は達せられることになります。またここにいう《正しさ》とは、必ずしも道徳的または自然法的な意味での正しさばかりを指すのでなく、目的に応じて取られるべき行為の妥当性、いわば行為の合目的性を意味する場合の方が圧倒的に多いということになります。

このように考えますと、スポーツ選手というのは競技の場で何をする自由も、何をしない自由も手にしていますが、いやしくも目的地に到達したいと願って競技に参加しているのなら、彼はルールの宣言する指示に従って行動せざるを得なくなります。仮に目的の達成など眼中にないのであれば、彼は最初から競技になど参加していないはずです。ルールが「法的安定性の確保」という機能を果たし得る根拠は、要するにこの点にあるということができます。

そしてまた私たちは、社会の法よりもスポーツルールこそ、一面的な命令でなく、合意であると見ることができます。国家の法律は国民の代表として選ばれた国会議員が立法化するものであって、少なくとも手続き上、それは民意の所産であり国民の「合意」の上になるものとされます。こうした議論は悪法や非民主的な政策を正当化する際、どの国の政府も好んで口にするところですが、そうした主張がよく聞かれるのは、それだけ国民的「合意」の成立が困難であることのほかに、一部の人の利益だけを考慮した悪法や国民不在の不平等政策が、世に多くはびこることの証《あかし》といえるかも知れません。

これに対してスポーツ競技の世界では、利害を異にするチームのどちらか一方に無条件で特権を与えるような不公平ルールは、そもそも存在することさえできません。公平さを無視したルールをスポーツの世界が受けつけないのは、それが人間の正義に反するからというより、後に検討するルールの第三の機能、つまり《面白さ》を保障する機能がその種のルールをまったく容認しない、という理由に基づいてのことです。このように考えると、スポーツのルールが右へ行けと指示するのは、一つには左へ行けば目的が達せられないということの宣言ですが、また一つには、左へ行かれるとゲームの《面白さ》が破壊されてしまうために右へ進むことを正しいと決める、という意味の宣言だということにもなります。

ところで私は少し前に、「人を殴るな」という規範はすべての球技でルール化されているのに対し、ボクシングではそうでない、と書きました。そして実はこのことが、スポーツルールを「合意」による「宣言」と見るべきであること、またルールを一般的かつ抽象的な道徳的概念とは切り離して考えるべきであること、の二点を私たちに教えてくれるのです。

人を殴る行為が危険であり道徳に反することぐらい、学校で教えられている、いないにかかわらず、どの子どもでも知っています。で、その子どもが、「なのに、なぜボクシングでは人を殴ってもよいのか?」という疑問を抱いたとき、親や教師はどう答えればよいのでしょうか。この場合、安易なスポーツ道徳論に寄りかかって、「ボクシングは野蛮で非人間的なスポーツだからそうしてもよいのだ」などといったところで、子どもを到底納得させることはできませんし、逆に彼らの失笑を買うことにもなりかねません。

右の子どもの疑問に対しては、「そうでなければボクシングは成り立たないから」という、道徳とも科学的真理ともまったく関係のない解答をしか、私たちは用意することができません。この、《そうでなければ》云々についての関係者の共通判断、換言すれば、ボクシングが野蛮で人間性に反するとか、スポーツの名に値しないとかの議論はひとまずおいて(もとよりそれはボクシングをめぐる人間の価値観に帰される問題であって、ルールそれ自体の直接関知するところではありません)、「それがボクシングというものだ」とする認識の関係者間における存在が、ルールの「宣言」としての性格、より正確にいえばルールが関係者の「合意」に基づく「宣言」であることを私たちに理解させてくれるのです。何が道徳的であり何がそうでないかは、また何が安全であり何が危険であるかは、種目を異にすればおのずと異なってきます。そしてある行為があるスポーツでは道徳に反しなくとも、別のスポーツにおいては不道徳、とくにマナー違反として糾弾される可能性は大いにあります。こうして一般論としての道徳論や正義論は、スポーツやそのルールには通用しないことになります。少なくとも同じ価値基準をもって、すべてのスポーツとそのルールを語ることはできません。なぜでしょうか?《そうでなければ当のスポーツは成立しないから》という主観的な合意の上にルールがあり、スポーツがあるからです。こうした合意に基づく各種の宣言は、それが選手を含めた関係者の間での合意に基づくものであるからこそ、退場や資格停止、さらには除名にいたるまでのあらゆる措置をもって、すなわち「宣言を決定した社会が自由に用いることのできるすべての手段」(ヴィノグラドフ)を駆使して、その実効性が確保されなければならないことになります。「法の存立について決定的な意味をもつものは、物理的強制が加えられる可能性があるということよりも、むしろ、社会的権力によって課せられた規範を承認するという精神的な習慣である」というヴィノグラドフの言葉は、まさしくスポーツのルールについても真実とすることができるのです。

最後に述べておきますと、「法的安定性の確保」という機能をスポーツルールが十分に果たすために、それが宣言する中身は、できる限り分かりやすい書き言葉のなかで表現される必要があります。そのためにスポーツルールの各条文は、次のような性格を備えたものでなくてはならず、また現実にスポーツルールはそうしたものから成っています。

①明確であること――何を許容または禁止しているかが不明ないし曖昧なものは法的安定性の確保に貢献できず、したがってルールとしての価値を有さない。

②みだりに変更されないこと――ルールの中身が頻繁に変わると、維持されるべき秩序について理解の不統一が生じ、結果として混乱を招いて法的安定性の確保に寄与しない。

③選手に実行可能な内容のものであること――いかに理念としてすぐれたものであっても、現実に選手が実行できなければ秩序維持に貢献せず、結果として法的安定性の確保にも関与しない。

④選手の意識と合致していること――ルールが選手から遵守されるには、それが規定する許容や禁止の中身が選手側の支持、つまり彼らの合意を得られる性格のものでなければならない。

2 正義の実現

思うにスポーツにおいて人間は、それ自体としては極めて無意味なことをします。ある定められた距離を走る。あらかじめ設定された空間にボールを投げ（蹴り）入れる。ボールを打ち合ったりして相手にミスをさせる……。つまりは本質において、ただそれだけのことをするのであり、これはたとえば子どもが浜辺の砂を右から左へ移す行為と同様、それ自体のなかに生産性とか道徳性とかの価値を云々できるものではありません。さらには一〇〇メートルを一〇秒で走ろうが九秒で走ろうが、また球技でいくら得点を重ねようが、そのもつ社会的もしくは経済的な価値、つまりは二次的な付加価値をことごとく剥ぎ取ってしまえば、やはりそれは、ただそれだけのことであるにすぎません。

このように書けば、それは身も蓋もない話だとの批判を招くかも知れません。しかし、煎じつめれば身も蓋もないことをするのがスポーツであるというのは、カール・ディーム博士をはじめとするスポーツ哲学者がかつて熱心に説いたスポーツの理念、すなわちスポーツをすること以外にどのような利益も求めないとする考え方と、何ら矛盾するものではありません。そしてそのような性格のスポーツに関してルールは、競技の場で選手がどのように走れば走ったとみなすか、どのようにシュートを決めれば決めたとみなすか、といった内容の宣言を明示しているわけです。

スポーツルールが行うこの宣言の、選手の行為に直接言及した部分を行為規範と呼ぶならば、この行為規範はまたすべて、裁判規範（もしくは制裁規範）としての性格をも併せ持っています。行為規範とは、何をせよ、何をするなと選手に指示する命令のことですが、裁判規範の場合、それが命じる相手は選手でなく、審判（そして必要な場合、スポーツ連盟の懲罰委員会）です。したがって、何をせよという行為規範に背いた選手をこういうふうに処罰せよと審判に命じているのが裁判規範であり、この意味からすれば後者は、審判が遵守しなければならない行為規範だということになります。いずれにせよ、ここにいう行為規範と裁判規範はコインの表裏と同じ関係にあり、一つの同じ実体を、二つの方向から眺めたものにすぎません。ある行為をした（しなかった）者には処罰が適用される、というルールの一般的な表現形式を考えれば、ルールがこのような二重構造を備えることは容易に知られるところです。

右のような認識を得ることから、行為規範としてのルールは主として「法的安定性の確保」に貢献するのに対し、裁判規範としてのそれは専ら「正義の実現」に寄与するという、もう一つのルール機能の認識へと私たちは導かれます。ここにスポーツルールが存在するもう一つの理由、ルールが担うべきいま一つの機能を見出すことができます。

正義とは何でしょうか。その研究に一生をささげた人にアメリカの政治哲学者ジョン・ロールズがいますし、またこれまで多くの法律学者もそれに関する所説を展開してきました。ここではそうした正義論の中身に深く立ち入ることはせず、古代ギリシャの哲学者アリストテレスが『ニコマコス倫理学』の中で提唱し、現代法学においても支持されている正義の基本的な二概念、すなわち等しいものを等しく扱う《平均的正義》と、等しくないものを等しくなく扱う《配分的正義》に即して、スポーツルールが担う第二の機能、すなわち「正義の実現」について見ていくことにします。

【1】……平均的正義とスポーツ

平均的正義（これは算術的正義または形式的正義とも呼ばれます）とは、一人ひとりの人間を形式的にまったく平等の存在とみなした上で、その人間どうしの間でなされる給付と反対給付に均衡を保たせようとする秩序原則のことをいいます。——「並列的個人間の相互交渉において、当事者の価値、人がら等の人的差異の如何に拘らず、彼らをすべて等しいと見なした上で、専ら利害の得喪そのものにおいて過不足のないよう調整の役目を果すもの、或いは被害の救正の役目を果すもの」（加藤新平）と定義されるこの平均的正義は、よく見ると一つひとつの卵が互いに異なるのとまったく同じ意味合いにおいて、一人ひとりが実質的に異なる存在である人間どうしの不平等をある特定の観点から無視してしまい、各人の間に《同位の秩序》を打ち立てようとするものです。

この《同位の秩序》の確保という点に着目すれば、平均的正義とは「個人を中心とした横の関係で左右にひろがる水平線的な生活」（末川博）を律する、いわゆる私法の領域で適用される正義であることが分かります。簡単な例を示すと、私法の代表的存在である民法の規定によれば、人に損害を与えた者には、被害者に対して損害賠償をする義務が発生します。これは人間を形式的に対等・平等の存在とみなし、たとえば社長と社員、教授と学生といった、当事者間に存在する人格や地位に関する差異をいっさい無視した上で、双方の利害得失を過不足のないよう調整しようとするものです。損害を与えた側と、損害を与えられた側との間で、過不足のないよう利害得失を調整するとは、損害の額（マイナス）と賠償の額（プラス）を足せばゼロになるようにすることであり、この意味から、ここでいう正義は算術的正義とも呼ばれるわけです。

このことをスポーツ競技の場面に当てはめて考えてみますと、プッシング（相手選手を押すこと）やトリッピング（相手選手に足をかけること）といった、相手に損害をもたらす反則行為に対してフリーキックやフリースローが与えられるのは、この平均的正義の実現を内容とする、一つの具体的な措置であると見ることができます。実際、競技の場で選手はお互い、まったく同位の人格としてゲームに参加しているわけで、不当な損害を相手選手から加えられるいわれはどこにもありません。したがってプッシングやトリッピングという加害行為を犯した選手（または彼の所属するチーム）は裁判規範の適用により、ボールの支配権を相手側に譲ったり、またボール支配権を持たないときはゲーム再開時におけるボールへの接近権を放棄するといった形で、相手に与えた損害を「賠償」しなければならないということになります。

スポーツルールが備える罰則規定の一部はこのように、民法でいう「不法行為」（他人に損害を与える行為）と損害賠償請求権の発生という、いわゆる《契約によらない債権債務関係》の概念から説明することが一応、可能です。もっとも、それはあくまでも便宜上、そう考えられてもよいというだけの話であって、この平均的正義は最終的に、スポーツ競技の世界には関係のない概念ということになります。この点については次章で改めて検討することとし、いまのところはただ、そのことを指摘しておくだけに留めておきます。

【2】……配分的正義とスポーツ

配分的正義（これは比例的正義または幾何学的正義ともいわれます）とは、《等しくないものを等しくなく扱え》、あるいは《各人に彼のものを》という定式で言い表される秩序原則のことで、それに従えば、おのおのの人間はその能力や功績、または義務違反の程度に応じて、それぞれ異なる扱いを受けることになります。個人の間に存在する実質的な不平等に着目し、それに応じた個別の取り扱いをすることによって、逆に個人の間に実質的な平等を実現しようとする正義です。先の平均的正義が社会に《同位の秩序》を確立しようとするものであったのに対し、配分的正義は社会における《上下の秩序》の樹立を目指しています。したがってそれは当然、公法の領域で適用される正義ということになります。

右の平均的正義の項では罰則の適用について、不法行為と損害賠償という民法的な概念から説明を加えました。しかしバスケットボールにおけるトラベリングやダブルドリブルといった反則を考えてみた場合、それらは相手チームにどのような被害も与えておらず、民法的な債権債務関係から罰則適用についての説明をすることができません。直接の被害者がいないルール違反もあるわけで、ここにおいて登場するのが配分的正義ということになります。

バスケットボールでいうトラベリングとは、ボールを保持して二歩しか歩いてはならない、というルールです。この場合、なぜ三歩以上歩くことが許されないかについては、あまり深く議論をしてもはじまりません。結局のところ、先に述べた《そうでなければ》云々の論理、つまり《そうでなければ》バスケットボールというスポーツは成立しないという考えのもと、ルールを通じてこの競技の関係者が合意の上でそう宣言したからそうなっている、と考えておけばここでは十分であり、この合意上の宣言に背いた選手には当然、審判によって罰が科せられることになります。すなわち《各人に彼のものを》という定式の適用です。そして結局、スポーツの世界では、相手選手に実害を与えたか、与えなかったかにかかわらず、すべての違反行為はこの配分的正義に基づいて処理されることになるのですが、この点についてもまた、次章のルール構造論の中で詳しく触れることにしたいと思います。

ところでこの配分的正義は、決して処罰だけに関係したものではありません。それはスポーツにおける順位づけや表彰制度を正当化する根拠ともなります。優秀な成績を残したチームに優遇的に適用されるシード制や、樹立した記録や成績に応じてなされる表彰や顕彰、あるいはトーナメントで優勝したチームや選手にメダルや賞品を授与するといったことは、やはり《各人に彼のものを》という、この配分的正義の実現でもあります。そのほか、柔道や剣道における高段取得の条件を定めた規則、各連盟が備える功労者の顕彰規定など、配分的正義に即したルールの例は数多く存在します。

スポーツの世界にはまた、体重別の階級制度といった特殊な取り決めがあり、ボクシングや柔道といった競技はこれに基づいてその運営が図られています。果たしてこうした制度は、たとえば所得税法が弱者救済の目的から配分的正義の理念を適用し、所得の多寡に応じて納税額に個人差を認めているのと、同じ趣旨のものと考えてよいのでしょうか。

これはかなり説得力のある見方ですが、もう少し別の考え方をした方が適当なように思われます。というのは、階級制のルールは配分的正義から理解するよりも、生存権の保障を内容とした、いわゆる社会法のスポーツ版、と見た方が自然だと考えられるからです。個人を形式的に自由・平等・独立の人格として捉える近代法（または市民法）は、そのために個人間の自由な競争を保証するものでもあるのですが、この人間把握の原則をさらに一歩押し進め、人間に値する生存の権利を各個人（とくに社会的弱者）に保障し、過当な競争から生まれる弊害を排して上述した自由・平等・独立に実質的な意味内容を与えようとするのが、ワイマール憲法以来の社会法の伝統としてあります。この生存権は、スポーツ競技の世界では競技（参加）権とでも呼べるもので、本来、能力以外に何の制約をも受けるべきでないとされる競技参加が、特定のスポーツ種目においては選手の意志や努力のあまり関与することのない、たとえば体重の多寡といったものによって実質的に制限される事実に配慮し、社会法的ルールとしての階級制度を導入することにより、参加権の実質的平等を保障したものと解釈しておくのがよいように思われます。

【3】……プロレスと大相撲——正義の適用に関する二つの特例

数あるスポーツのなかで、これまで述べてきた正義の概念が適用されないものにプロレスがあります。もっとも、ここで話題とするのは第二次大戦後の、白黒テレビの普及期に日本人大衆を魅了してやまなかった力道山時代のプロレスのことで、それにはそれなりの理由がありました。フランスの哲学者ロラン・バルトがいみじくもいうように（『現代社会の神話』）、この時代のプロレスはスポーツというより一つのショーであり、それも善玉（日本人レスラー）が六〇分三本勝負という枠組みのなかで苦心惨憺の末、最後には悪玉（外国人レスラー）を打ち破る勧善懲悪の一大ドラマであったからです。観客は、ルールというものをまるで無視した悪人レスラーたちの悪行ぶりに大いに腹を立て、また彼らの無法に気づかないため配分的正義を正しく適用することができない審判の融通のなさに苛立ちながらも、結局は最後に勝ちを制する善玉、つまりは正義の日本人レスラーに拍手を送ったのです。

もちろんプロレスの審判は、彼の背後で悪役レスラーが行うルール違反に気づいていなかったわけではありません。彼はそのような振りを、つまりは気づかないような演技をしていたのであって、逆にみずからの視野のなかで行われる日本人レスラーの違法行為には断固たる配分的正義の実現者としてこれまた演技にあい努め、結果として善玉をいじめる悪人レスラーの無法ぶりを、いっそう目立たせる効果を生み出しました。スポーツは正義の概念に即して行われるという、いわば自明の論理の裏をかいたところに、あの当時のプロレスが博した人気の秘密は探られなければなりません。いわゆる《判官びいき》と《正義は力なり》という、大衆好みの二つの観念をたくみに取り入れて演出された当時のプロレスは、訓練に訓練を重ねて高度の技術と体力を備えたプロフェッショナルが繰り広げる一大スペクタクルであり、それを《八百長》だなどといって批判するのは、そもそもはじめから見当はずれの意見でしかありません。それゆえ、このプロレスに関して賭けが成り立たなかったのも、また当然のことといわなければなりません。

スポーツの世界でもう一つ興味深いのは、大相撲における行司の存在です。日本相撲協会が出している『公認相撲規則』の「審判規則」によれば、この行司はルールに則り、勝ち負けの判定を下すことになっています。そしていかに判定の困難な局面を前にしても、どちらかの力士に勝ちを宣して軍配を上げなくてはならない義務が彼には課されています。つまり、卓球やバレーボールの審判は《レット》や《ノーカウント》のコールをしてプレーのやり直しを命じることができるのに対し、相撲の行司には《同体》や《取り直し》の宣告をする権限はまったく認められていません。行司が置かれたこうした立場に、プロの審判としての厳しさを見ることも可能でしょう。実際、大相撲の行司は、勝負判定の材料となるどのように小さな出来事をも見逃してはならないのです。

ところで私の意見では、この行司を審判としてでなく、ともすれば単調で泥臭くなりがちな相撲に花を添える、その名のとおり《儀式を司る人》と見るのが適当なように思われます。相対する力士が仕切りの姿勢をとるとき、あのきらびやかな装束に身を固めた行司がそこにいなければ、またその行司が「ハッキョイ」「残った」の掛け声をかけるのでなければ、本場所の雰囲気があれほどの盛り上がりを見せることはまずないでしょう。なるほど行司は判定を下します。しかし彼のその判定は、土俵下に控える複数の勝負検査役（相撲規則では審判委員と呼ばれる力士ＯＢ）から疑義の出されない限り、つまり彼らの同意が得られる限りにおいて効力をもつのであり、この意味において行司は実際の審判でなく、審判を代行的に《演じている人》ということになります。

もちろん、こう述べたからといって、プロの勝負判定者としての行司の名誉を傷つけることにはならないでしょう。みずからの判定が覆されることのないよう、つまり彼自身に黒星がつけられることのないよう、行司もまた勝敗の行方を正しく見極めなければならないことに変わりはありません。こうして行司はいずれかの力士に軍配を上げます。それは本質において大相撲に花を添える、あくまでも儀式の一環としての行為にすぎないものですが、また同時に、大勢の観客や勝負検査役、それに土俵下にいる現役の控え力士をも納得させる、実質・客観の意味内容を備えたものでもなければなりません。行司は力士出身、つまりは相撲界のＯＢではありません。相撲の勝負判定は複数の人間によって行われるべきだとの考えがあるにしても、要するにこの力士ＯＢでないという事実が、行司に最終審判としての実権が与えられないことの最大の理由ではないでしょうか。

ところで右にも述べたように、客観的に見てたとえ同体であっても、行司はいずれかの力士に軍配を上げなくてはなりません。「審判規則」がそれを要求しています。このことは、いわゆる《物言い》の出来《しゅったい》が避けられない性格のものであることを、一つには示しています。ただ、それではなぜ行司には、はじめから自分で《レット》とか《ノーカウント》とかの宣告をして、取り直しを命じる権限が認められないのでしょうか。たとえ最終的な実権をもたない行司が《ノーカウント》の宣告をしても、それに疑義のある勝負検査役がそこで《物言い》をつけて新たな判定を下せば、それで何の不都合もないのではないでしょうか。ここにおいて再び私たちは、行司は儀式を司る人という、先ほどの認識へと立ち戻らなければなりません。行司がどのような身振りのなかで《ノーカウント》を宣告するにしても、それでは相撲が絵にならず、観客は拍子抜けした感じを味わうばかりとなります。それゆえプロレスのレフリーとはまたちがった意味合いにおいて、大相撲の行司もまた、ショーとしての一面を備えるプロ・スポーツを側面から盛り立てるための、一人の演技者であるということになります。

以上、正義概念の適用形式とその適用者という角度から、二つのプロ・スポーツの特徴を見てきました。それは要するに、プロレスと大相撲の《面白さ》の一端が、審判（ないしはその代行者）の演技によって支えられているということを意味しています。しかしこれ以外のスポーツでは、その《面白さ》はもっぱらルールそのものによって保障されることになります。それが次に検討する、ルールが備える第三の機能です。

3 《面白さ》の保障

【1】……ルールが担う最終的な機能

スポーツルールが存在する理由について、これまで法的安定性の確保と正義の実現という、二つの観点からその理解を図ってきました。ここにいたって私たちはさらに、それではスポーツのルールは「なぜ」そのようにゲームに一定の秩序を打ち立て、「なぜ」その秩序の違反者には処罰をもって臨むのかという、究極の問いかけをしなければなりません。そしてこの問いかけをどこまでも押し進めていくと、結局はこの項の表題に掲げた《面白さの保障》という、ルールが備える第三の機能の認識へと到達せざるを得ないのです。

では、なぜ、右のような問いかけが必要なのでしょうか。この点について、まず国家の法律から考えてみることにしましょう。

これまで見てきたスポーツルールに関する二つの機能は、実は世のなかにある法律が備えるとされる基本的な機能を、そのまま援用したものにすぎません。スポーツルールが備える法的な性格、すなわちスポーツ競技の場における人間関係を取り仕切るというその基本的な性格を考えるとき、この援用に合理性が認められることはいうまでもありません。しかし国家の法律にせよ、スポーツのルールにせよ、その存在理由を右に見た二つの機能だけから理解するのでは、なお不十分なままです。

この点については法律学の教科書もあまり多くを語らず、一般には法の目的ないしは機能として、法的安定性の確保と正義の実現が挙げられてそれで終わりとされる傾向にあります。私は法律の専門家ではありませんが、その門外漢の立場からしても、法学の教科書に見られがちな、こうした当たらず障らず的な法機能論や法目的論には、はなはだ不満であるといわざるを得ません。というのは、戦前の大日本帝国憲法と戦後の日本国憲法について、その機能や目的を右の二つの機能だけから理解するのであれば、この二つの憲法はともに社会に一定の秩序を打ち立て、正義の概念に沿ってその違反者に制裁を加えるという点において、それぞれ何ら変わるところのない国法ということになってしまうからです。へたをすれば、そこから生まれるのは《悪法もまた法なり》といった諦観の思いだけかも知れず、いやしくも民主主義を国是とする国の国民であれば、それぞれの国法がそれぞれの秩序を、なぜ、何のために国民に強要し、また強要してきたのかについて、常に問いかけを発する義務と権利を有しているはずです。こうしてある法についてその機能なり目的なりが問題とされるとき、そこで最終的に問われなければならないのは、法制定および法運用の背後に横たわる各種のイデオロギーであると私は考えるのです。

法の最終目的ないし最終機能は、特定の支配的イデオロギー（民主主義国では国民の過半数が是とする、また専制主義国では独裁者が堅持するイデオロギー）を社会生活のなかに貫徹させることにある、ということができます。もちろん、ある法律が民主主義的なイデオロギーのもとに制定されたとしても、それとは性格を異にする別のイデオロギーが当該法の精神を骨抜きにしてしまう可能性のあることは、もはや誰もが知っている歴史的事実です。しかし、この場合においても、あるイデオロギーに替えて別のイデオロギーを貫徹させるために当該の法が利用されているだけの話であって、右に述べたイデオロギー云々に関する法の最終目的論にとくに影響を及ぼすものではありません。そして法が担うこの最終的な機能に照らせば、法的安定性の確保と正義の実現という二つの機能は法に託された下位的な、いわば技術的な機能であるにすぎないということができるのです。

このように見てくると、スポーツルールを考えるに際しても、見落としてはならない一つの重要な事柄が浮かび上がってきます。

スポーツにおいてもルールは明文化された規定をもって、選手にあれこれの行動の取り方を指示します。ボールを手に持って何歩以上歩くなとか、これこれの危険とみなされる行為はするなといった命令を下します。その結果、スポーツの場において法的安定性は確保され、違反のあった選手には制裁が加えられて正義の実現が図られることになります。しかし、そうした認識だけに留まるのであってはなりません。経済学史家の内田義彦氏は次のように述べています。

「(たとえば民法にある挙証責任のような)細かいルールが歴史的につくられてきたわけであります。が、そうしたルールをなぜ、どう決めたかという、もう一つ奥に、ルールそのものがなぜ、なんのためにあるのかということがある。そうでなければルールの意味もわからないし、ルールを直していくこともできない」。

私たちも内田義彦氏にならって、「ルールそのものがなぜ、なんのためにあるのか」について、「もう一つ奥」のところを追求するのでなければなりません。それはスポーツルールが行う各種の具体的な宣言の奥に潜むイデオロギーを特定することであり、そのイデオロギーを具体的な言葉で表現したのがここでいうルールの第三の機能、すなわち《面白さの保障》ということになるのです。

この《面白さの保障》という、ルールに託された最終的かつ最重要の機能の具体例に即した説明は後の章に譲りますが、さらになお、この機能に関して述べておかなければならないことが若干あります。

【2】……なぜ《面白さ》なのか？

《面白さの保障》というルール機能を掲げる本書の立場に対し、何が面白くて何が面白くないかは結局のところ各人の主観に帰される問題であって、少なくとも社会科学的な客観的意味をそこに付与することはできない、といった反論の出ることは当然予想されます。多少これまでの記述と重複することになりますが、こうした反論が反論としての意味をもたないことについて、ここで少し説明を加えておく必要があるように思われます。

まず第一に、ルールが規定するあれこれの中身はそれ自体、何らかの不変の、客観的な真理などに照らして定められたものではありません。「法的安定性の確保」の項でも述べたとおり、それは関係者の合意による判断を明示的に宣言したものにほかならず、「なぜ」そのような宣言がなされたかの本質のところを問うとすれば、要するに関係者の主観でそうなった、としか答えようがありません。そしてまたこれがとくに重要な点ですが、ルールが行う各種の宣言は、《そうでなければ》当該のスポーツが面白くなくなるという、根底において関係者が下した主観的な性格の価値判断の上に成り立っています。したがって、スポーツなど面白くも何ともないという人が仮にいたとしても、少しもおかしくはありません。人はそういう意見を、自己の主観に基づいて表明する権利を基本的に有しています。しかし、その人のそういう主観が、スポーツを面白いとする他の人の主観までをも否定したり、またルールの中身が最終的には主観によって決められるという事実そのものを否定することには決してつながりません。それゆえスポーツには何の興味も湧かないという人からすれば、《面白さの保障》というルールの第三の機能など、まるで意味をなさないことになるのですが、それはむしろ当然のことといわなければなりません。「やっても、やらなくてもよい」のがスポーツであり、その人たちにすればスポーツそのものの存在意義が最初から疑わしいものとしてある以上、ここにいうルールの最終的機能は彼らの目には、さらに意味のないものとして映らざるを得ないからです。結局のところ、「宣言」の前提としてある「合意」が、彼我の間に成立していないということです。

ドイツの法哲学者ラートブルフは次のように書いています。

「実定法が拘束力を持つということは、正しい法が、認識もできず、立証もされ得ないという事実の上にのみ根拠づけられ得るのである。相異なる諸々の法的確信の真理または誤謬についての判断が不可能であるから、他方また、すべての主体に対して単一の法がなければならないから、学問を以てしては解決し得ないゴルヂウスの結び目を一刀の下に裁断するという仕事は、立法者に委ねられることになる。何が正しいかを決定することが不可能であるからこそ、少なくとも何が法たるべきかを構成せねばならぬ。これをなすところのものは、真理の作用――それは不可能である――ではなく、権威の働きである」(『実定法と自然法』)。

スポーツルールの中身の決められ方もここにいわれるとおり、万人がこぞって同意せざるを得ない「真理の作用」でなく、「権威」を認められた関係者の主観の働きによるものにほかなりません。

そして第二に、ここで問題とするルールの最終的機能は、イギリスのスポーツ社会学者E・ダニングの説に従って、たとえば「緊張と興奮の創出と持続」とか「テンション・バランスの維持」とか呼ばれてもよいものです。このダニングの主張の本質的なところは、すでにオランダの歴史学者ホイジンガが『ホモ・ルーデンス』のなかで指摘したものであるとはいえ、スポーツルールの制定を背後で支える一つのイデオロギーを問題としている点において、やはりユニークで貴重な意見であることに変わりはありません。そして彼のその意見も結局のところ、ある人には支持され別の人には拒否されるという運命のもとにある以上、その絶対的な客観性を主張することはできません。ここで問題とするルールの第三の機能とは、もともとそのような性格のものであり、その限りにおいては「緊張と興奮の創出と持続」も、本書が提案する《面白さの保障》も、ともに同じ部類に属する概念とみなすことができます。ただ、本書ではこの二つを、まったく同格のものとして取り扱うことはしません。

というのは、前に述べた「主観的合意に基づく宣言」云々のルール解釈を頭に入れるならば、すぐれて主観的な角度からの物の見方や感じ方を言い表し、加えて大和言葉の一次語として日常的に極めて幅広い用い方のできる《面白さ》というものを、私たちはルールの究極的機能を言い表す言葉として、むしろ積極的に用いた方が適当であろうと考えるからです。《面白さ》とは、一つにはダニングがいう「緊張と興奮の創出と持続」から得られるものでしょう。しかしそれだけでは決して言い尽くすことのできない、複雑微妙で多様な意味内容のものがそこには含まれています。たとえば「快い」

「心地よい」「楽しい」「小気味よい」「手に汗握る」「痛快」「豪快」「爽快」など、まさしくそうしたあらゆる意味においてスポーツは面白く、かつそうした《面白さ》をルールはスポーツに保障するのです。

「遊戯の〈面白さ〉は、どんな分析も、どんな論理的解釈も受けつけない。（……）面白さとはそれ以上根源的な観念に還元させることができない」――こうホイジンガが書くときの「面白さ」の原語が何であるかは、ここではとくに問題となりません。このようにホイジンガが述べるとおりの意味において、私は敢えてスポーツルールの第三の機能を《面白さの保障》と名づけるのです。

さて、ここまで述べてくれば、私たちはほとんど自動的に、スポーツのルールが不変のものでなく可変のものである、という認識へと導かれます。というより、むしろ、ルールというのは必要に応じて書き変えられるべき性格のものとしてある、と言い直した方が適当かもしれません。最後にこの点について、簡単に触れておくことにしましょう。

【3】……ルールは変わる、変えられる

スポーツのルールとは、何が面白くて何が面白くないかについての、まさに主観的な判断を中身とする合意的な宣言です。それゆえ、あるルールの宣言にそのまま従うとゲームが面白くなくなるというのであれば、つまり別の関係者がそう主観的に判断するのであれば、そのルールの宣言内容は当然、

彼らの手で変えられてよいことになります。

「科学はあくまでも現実との接触を求め、一般的現実との妥当性を求めるものである。その規則（ここでは科学的な法則をいいます）は遊戯のそれとはちがい、決して不動のものではない。科学は絶えず経験によって前言取消しを迫られ、その結果、おのずと変化していくものだ。ところが、遊戯の規則には、嘘だとか真実だとかいうことはあり得ない。それが変更されるということはあるだろう。しかしそれも、誤りを正すということとは違う」――ホイジンガはこう述べるなかで、遊びを支配するルールの可変性の問題を、どちらかといえば消極的な立場から説いています。しかしながら、一流選手の間で繰り広げられるスポーツはもとより、中学生や高校生が学校の体育で行うスポーツ、あるいは一般成人が広く社会で繰り広げる生涯スポーツのことを考えてみても、私たちはむしろこのルールの可変性の問題を、より積極的な角度から捉え直していく必要があります。

というのは、いかにスポーツの国内および国際の統轄団体が一連のルールを定め、それに「公式競技ルール」という名の権威を施したところで、それを客観的な真理に支えられた権威だと主張するのは誰にもできないことだからです。このことは前にラートブルフの解説を見るなかですでに確認したところですが、同じことをホイジンガは「嘘だとか真実だとかいうことはあり得ない」という言葉でもって表現しているわけです。スポーツ連盟が制定する公式競技ルールは、一つにはそのルールに則って勝つのでなければそのスポーツ連盟が認める公式の勝利者にはなれないという、そうした意味内容をもつ宣言としてあります。そしてこの勝利者を決めるためのゲームが冗長で退屈なものとならないよう、一定の技術レベルを前提として連盟関係者が合意の上で確認した各種の行為規制、すなわち競技に《面白さ》を保障するための手続きを盛り込んだものでもあります。こうして、たとえばある球技で攻守にバランスがとれなくなるなどして容易に得点ができたり、また逆にほとんど得点が入らないようになると、必ずや関係者はルールの改定でもってこれに対処しようとします。

たとえばバレーボールでは、一九六四年にブロック時のオーバーネットを容認するルールが、また一九七六年にブロック時のワン・タッチをワン・タッチとして数えないルールが採用されました。いずれも重要なルール変更の例ですが、これについて体育学の専門家である落合優氏は次のように書いています――「バレーボールのゲームにおいて、一般的な傾向としてスパイク力がブロック力に比較して相対的に強くなり過ぎ、スパイクが簡単に決まってしまう。こうなると、ラリーがほとんど見られなくなり、ゲームとしてのおもしろさが失われ、結果的には、バレーボールそのものの魅力が減少する。そこで、何とかブロック力を相対的に強める必要が生じてきた。そこで［右の］ルール変更が行われたのである」。

極めて分かりやすい説明ですが、これにはさらに次のような文章がつづきます。

「このように、一般のスポーツにおいてもルールの変更は行われているのであるが、その際の観点は、競技（特に顕著なのは国際競技）をいかに妥当に進めるかが中心となっている。したがって、その種目における国際的な力関係がルールの変更に関与するという望ましくないケースも現われてくる危険性を持っている。かつて、水泳の平泳ぎで、潜水泳法が禁止されたことがあったが、納得のいかないルール変更の一つではなかっただろうか」。

ここで落合氏が潜水泳法の禁止を「納得のいかないルール変更の一つ」と書いていることには、私もよく理解ができます。落合氏の右の文章は一九八一年に発表されたものですが、それからつい最近にいたるまで、たとえばスキーの複合競技などにおいて日本人選手の得意手を封じるための、似たような国際ルールの変更が次々となされてきたことはよく知られるところです。ただ、この落合氏の意見は、《面白さの保障》というルール機能に関してもう一つ別の、非常に興味深い問題を私たちに考えさせてくれます。

落合氏が書くように、国際ルールの中身が当事者間の「力関係」によって決まるのは、たしかに「望ましくない」といえばいえるかも知れません。しかしながら、権力者が一方的に定める法律や規則はいうに及ばず、投票によるものであれ話合いによるものであれ、結局のところこの世の中にある法律やルールは、関係者の間に存在する一定の「力関係」によって定められるより、ほかに方法がないのではないでしょうか。あるいは人間の歴史や社会の歴史というのは、こうした「力関係」の歴史にほかならないのではないでしょうか。そしてスポーツのルールにしても、その規定する中身について「嘘だとか真実だとかいうことはあり得ない」以上、つまり何らかの客観的真理を云々したりするものでない以上、それをめぐつて当事者の間で価値判断の対立が生じることは避けられず、やはり最終的には、そこに一定の「力関係」が介入して決着が図られる以外にないということになります。

右で落合氏がいう潜水泳法とは、スタートしてからターンするまで潜りっぱなしで泳ぎ通す泳法で、古川勝という日本人選手がその泳法でオリンピック・メルボルン大会の二〇〇メートル平泳ぎに優勝して以後、ただちに国際水泳連盟から禁止されました。そして落合氏も私もこの禁止措置を「納得のいかないルール変更」と見るわけですが、それは結局、氏も私も日本人である、という理由からのことにほかなりません。かつて日本人選手はこの泳法を編みだし、それで勝利を手にしました。だからこそ同じ共同体に属する者として、それを禁止されることは「納得のいかない」、まさに「面白くない」措置であるとの評価を下すわけです。

水泳の専門家である梅田利兵衛氏の解説によれば、メルボルン・オリンピック後に古川選手の泳法を禁止する措置がとられた公式の理由は、当の「潜水泳法が、水中に潜る時間が長くて、泳法の監察が困難であることと、観衆も選手が潜っている間、ただ水面を眺めているだけになるという点にあった」とされます。つまり、一つには、見ていて少しも「面白くない」ということです。こうして平泳ぎの競技に改めて《面白さ》を保障するために、当の泳法を禁止する措置がとられたというわけです。もちろん西欧の水泳関係者にすれば日本人選手の得意手を封じてしまうほど面白いこともまたないわけで、これが右の公式禁止理由の裏にある、彼らの本音であったかも知れません。ともあれ、《面白さ》

をめぐる価値観の対立が厳としてそこにあり、最終的に「力関係」によってルールが定められるという現実の、これは一つの好例とすることができます。

この古川選手の時代から約四半世紀を経た一九八〇年代のはじめに、同じ潜水泳法の禁止ルールに悩まされた平泳ぎの選手に高橋繁浩選手がいました。高橋選手の場合は古川選手とちがって、競技中、ほんの一瞬だけ全身が水没するというものでしたが、それでも潜水泳法を禁じたルールに違反すると判断されたのです。この一瞬の全身水没は、一九八八年のソウル・オリンピックを前にルール変更があって容認されるところとなり、それを機に高橋選手は再度奮起してオリンピックへの出場を果たしました。この例からもルールは不変のものでないことがよく分かりますが、それに加えてもう一点、審判は選手の内心の状態など問題とせず、外から見たプレーの形状だけでルール違反かどうかを判断するという、いわゆるルールの適用に際する画一強行性という概念もここに立ち現れてきますが、それについては次章で改めて触れることになります。

ここでの問題に関して重要なのは、ある連盟が公認する勝利者リストに名を連ねたいと願う選手についてのみ、公式ルールが行う宣言を絶対のものとして受け入れるべき義務が発生するという事実です。その選手は当の宣言について合意を示す関係者集団の一員をすでに構成していることになり、彼にはルールを疑う権利は原則として何も認められないからです。一方、連盟とは別のところで自由に繰り広げられる生涯スポーツや、また競技スポーツとは別の観点からスポーツを教材に用いる学校体育の授業では、連盟公認の勝利者を選び出すためにある公式ルール、すなわち彼らの直接あずかり知らない「力関係」の所産である公式競技ルールに従わなければならない根拠や義務は、基本的にどこにもないことになります。こちらの場合、何らかの不都合が認められれば、当該のスポーツがもたらす《面白さ》を破壊しない限りにおいてルールを改変し、みんなが楽しめるゲームを楽しめばそれでよいことになります。すなわち、別の種類の宣言を、別の関係者が合意によって臨機につくり出していけばよいというわけです。

日本国民である私たちは、憲法を含めた日本の法律に対して非関係者であることを主張することができません。ある規則を定めた法律のあることを知っているか知らないかに関係なく、またある法律が行う宣言をめぐって個人的に合意するかしないかにかかわりなく、それに違反があった場合は処罰を免れることができません。これは法治社会における基本の原則ですが、しかしスポーツの世界は基本的にそうした事情になく、人はあるルールの宣言を採択した関係者の列から離脱することも、また最初から関係者の列に加わらないでいることもできるのです。

＊

スポーツはみずからこれをやっても面白い。と同時に、外から眺めていても面白い。人は公正とか正義とかいった道徳的価値を求めてスポーツをするのでも観戦するのでもなく、この《面白さ》を得ようとしてそうするのです。プロの選手やハイ・レベルのアマチュア選手がいつも本当に面白くて個々の競技に打ち込んでいるのかどうか、これは時と場合によって異なるでしょう。しかし、少なくとも彼らのプレーを見るために競技場に直接出向いたり、またテレビの前に座るファンたちは、駆け引きの妙を見、稀有のファインプレーに息をのみ、スピードと迫力に満ちた動きを楽しみ、未確定の勝敗の行方を予想するなどしながら、結局は個々の局面に《面白さ》を追い求めているのです。この《面白さ》というのは、ルールが選手のとるべき行為を規制することにより、それぞれのゲームに関して基本的にイメージされた展開の流れやパターンを強制的につくり出すことから、自然と生み出されてきます。この基本的な流れやパターンに沿ってゲームが展開されるとき、そこに人びとは《面白さ》の諸要素を見出すのです。

オリンピックやワールドカップでの対戦やプロのスポーツ競技を見て楽しもうとするとき、もちろん一般の人びとも公式ルールを理解することが要求されます。しかし、同じルールを適用して自分たちも実際にスポーツをやってみたとき、《面白さ》が何も得られないというのであれば、当然、別のルールが採用されてよいわけです。

このように考えてくると、ルールのために人間があるのでなく、人間のために、しかも人間がスポーツの《面白さ》を楽しむためにルールが存在する、ということができます。少なくともみずからの楽しみのためにスポーツをやろうとする人びとにとって、このルール認識は最重要のものとしてあるはずです。

第2章

スポーツルールの構造

この章ではスポーツルールが形づくる全体的な構造について、一つの単純にして明快なモデルを提示することにします。その理解を図ることから、前章で検討したスポーツルールの機能論はさらにその意味が明確になるでしょうし、またスポーツルールが備える本質的な性格についても、いっそうたしかな認識が得られることと思います。

それに先立って、スポーツの世界には法学でいう「私法」に類するルールは存在せず、すべてが「公法」に類する性格を備えたルールであることを、まず確認しておく必要があります。すでに見たように、社会の法律に対してスポーツルールがその独自性を主張できるのは《面白さの保障》という機能にありました。そしてここにいう私法的ルールの不在性は、スポーツルールと社会の法体系との間に認められる、構造面から見た差異ということになります。

1 私法的ルールの不在性

【1】……公法と私法

私たちの社会にある法律は通常、それが備える性格により、公法と私法に分類されます。法律をそのように区別することの意義や、その区別に際して用いられる標識をめぐってはこれまで種々の議論が戦わされてきたところで、それに関しては現在、実に二〇を超えるほどの学説があるともいわれます。もっとも、ここでは一般的な説に基づき、私たちに必要な範囲内で公法と私法の性格上のちがいを理解しておくこととします。

まず末川博氏の、次のような解説文を見ることにしましょう。

「ごく大ざっぱに比喩的にいえば、(私たちが営む日常の生活は) 個人を中心として縦の関係で上下にわたる垂直線的な生活に関するものと、個人を中心として横の関係で左右にひろがる水平線的な生活に関するものとの二通りがあるといえる。垂直線的な生活というのは、たとえば、租税を納めるとか (……) 刑罰を科せられるとかいうふうに、いわば上から下へまたは下から上へとはたらくものであって、広く公的生活もしくは国家的・政治的生活と呼ばれるものがこれに属している。そして水平線的な生活というのは、たとえば、金を貸した借りたとかの、日常普通にお互いどうしの間でいわば水平線的な横の関係で生じる現象であって、私的生活とか市民的生活とか呼ばれるものはこれに属している」。

ここで末川氏がいう「水平線的な生活」、つまり相互に対等・平等の関係にある人間どうしが繰り広げる私的な生活を律する法が私法 (その代表的なものが民法) であり、また「垂直線的な生活」、つまり国や地方公共団体などの統治者とこれに服従する国民との間の公的な上下の関係を律するのが、刑法や行政法に代表される公法だということになります。私法が律する法律関係（私法関係）は私たちが日常生活のなかでするお金の貸し借りのように、個人が自由にこれを形成できるのに対し――これを私法自治の原則といいます――、公法上の法律関係（公法関係）は法律そのものによって公式に定められ、個人がそれを自由に設定することは許されません。

この公法が律する公法関係はさらに、権力関係と管理関係に分けることができます。このうちの権力関係は、国家の統治権の発動を契機として成立する法律関係であるため、本来的公法関係もしくは支配関係と呼ばれます。それは行政の主体が公権力の主体として国民に対し、優越的な地位に立って一方的に命令や強制をする関係のことを指しており、警察や徴税や土地収用などをその典型的な例として挙げることができます。もう一つの管理関係と呼ばれる公法関係においては、行政の主体は公権力の主体としてでなく、公の事業や財産の管理主体として存在します。こうした管理業務（たとえば公共の建物の管理や公営企業の運営など）の執行に伴って成立する法律関係は、公共の利益といった観点からその特別の取扱いが認められるほかは、対等な権利主体間で結ばれる法律関係、すなわち右に述べた私法関係と本質的に性格を異にするものではありません。

今日の学説では公法と私法を一義的な指標によって厳密に区別することよりも、むしろ両者が関連ないしは交錯する部分に分析の重点が置かれるにいたっています。ただ、ここでは以上のような形で公法と私法の性格上のちがいを理解しておけば十分であり、本書がこの点に関して主張するのは、スポーツの世界には公法に類した性格のルールしか存在せず、しかもそのルールが設定するのは本来的公法関係に類した関係だけである、ということです。

念のために述べておけば、スポーツそのものは純然たる私法領域の活動としてあり、スポーツをするのも、しないのも、基本的には私たちの自由に属する事柄です。またスポーツの勝敗を決める上で公権力があれこれ口を出して何らかの判断を下すといったことも原則としてなく、それは夫婦間で交わされた契約の効力をめぐる判断を司法当局が拒否する民事不介入の論理と、ほぼ同じ意味合いでのことです。またわが国の刑法は正当な業務による行為はこれを罰しないとしており（三五条）、ここにいう「正当な業務」の一つがスポーツであり、たとえそこで一定の傷害行為が発生しても、公権力が配分的正義を適用して加害者を処罰することは原則としてありません。したがって、遊戯において社会の法律は一時的に執行を停止されるとカイヨワが述べているのも、遊びやスポーツが刑法にいう違法性阻却事由を構成することを、彼なりの言葉で表現したものにほかなりません。それゆえ本書がスポーツには公法的な性格のルールしか存在しないというとき、そこで問題となる「公権力の主体」はもちろん国家でなく、ＩＯＣ（国際オリンピック委員会）や国際および国内のスポーツ連盟など、スポーツルールの実効性の確保にあたる民間の組織体を指しています。実定法から見れば「水平線的な生活」の一部をなすスポーツ競技ですが、それは垂直線的な、スポーツ界の内部を律する縦の支配関係のなかでその自主的な運営と管理が図られるということです。

【2】……公法的ルールと配分的正義

先に「正義の実現」というルール機能を解説するなかで、平均的正義がスポーツ競技とは無関係な概念であることを述べました。スポーツの世界には公法的な性格のルールしか存在しないという本書の立場に照らせば、スポーツの場ではすべての問題が公法領域の概念である配分的正義で処理されるというのは、論理的に見てもごく当然のことといえます。たしかに前にも少し述べたように、サッカーでのプッシングやトリッピング、バスケットボールでのパーソナル・ファウルのそれぞれを私法上の概念である不法行為とみなし、それがもたらした損害を加害者が被害者に賠償するという意味において相手チームにフリーキックないしはフリースローが与えられることで、給付と反対給付の負担の公平化が図られ、平均的正義が満足されると解釈することもできます。しかしながら、この議論には一つの致命的な欠陥があります。

というのは、平均的正義に即して私法関係を調整する民事裁判は、利害を異にする当事者の一方が訴訟行為に出てはじめて成立するものであり、その点、スポーツルールは私人である選手にそのような訴訟行為をいっさい認めることがないからです。なぜそういうふうになっているかの理由については、それほど深く考えなくても分かるでしょう。仮にそのような行為を選手に許せば、たとえば「脚を蹴られた」とか「身体を押された」とかの訴えが絶えず審判のところに寄せられ、ゲームはひっきりなしに中断を余儀なくされてしまい、その正常な運営など到底、望めなくなってしまいます。それによって何よりも困るのは、当のスポーツに期待される《面白さ》がほとんど破壊されてしまうことです。

ある行為がルール違反であるかどうかの判断は、そうする権限を排他的に委託された審判の専権事項とされています。この場合、極端にいえば、たとえ競技中に違法行為があっても、スポーツ競技の場に一種の公権力として臨んでいる審判がそれを違法とみなして笛を吹かない限り、そこに違法行為は最初から何も存在しなかったことになります。反則があっても審判の笛が鳴るまではインプレー（競技続行中）であると定義するルールを多くのスポーツはもっていますが、そうしたルールは競技中、ある行為を違法と判断して司法権力（審判）に訴える手段や権能を、選手から剥ぎ取るために存在しています。これを別の観点から見れば、みずからの私法関係の調整にあたる当事者能力を、選手たちははじめからもたないということです。

こうしてスポーツの競技では、私法自治の原則といった概念も存在しません。ある選手が反則を犯したことに気づいてプレーを中断し、みずからキープしていたボールを自発的に相手選手に譲ってフリーキックないしはフリースローを促したとしましょう。平均的正義の原則に則っての自主的な債務履行と考えられるこの行為は、もちろんある場面においてはスポーツ精神の具体的実践として、競技関係者や観客などから大いに称讃を博するかも知れません。しかしそれは、反則をされた側が犯した側にボールを譲るよう個人的に迫る債務請求行為と同じく、やはり全体としてみれば、著しく重大な不都合を競技の進行過程でもたらすといわざるを得ません。こうした行為は結果的に、競技の場における公権力、つまり配分的正義の唯一の適用者である審判の、裁量権行使の侵害につながる可能性があるからです。

実際問題として、競技中に反則があったからといって、常に相手チームが不利な状況に追いやられるとは限りません。その反則行為が実行者の予期しなかった結果を生み、逆に反則をされたチームに有利なゲーム展開となるきっかけをつくるケースも往々にして見られます。あるいはまた、一方のチームが得点圏にまで攻め入っているときなど、ゲームを中断して守備側選手の犯した反則をいちいち処罰することは、却って反則を犯した側に利益を与える結果につながりかねません。このような場合、審判は敢えて笛を吹かないでゲームを続行させる権限をもっており、とくにサッカーやラグビー、それにフィールドホッケーといった種目の競技規則は、そうした場合に敢えてゲームを続行させることを審判の義務であるとさえ規定しています。これを一般にアドバンテージ・ルールと呼びますが、このルールを備えるスポーツ種目にあっては、私人である選手がたとえ善意においてであれ勝手に私法関係の調整と処理に乗り出すことは、それ自体がルール違反となり、処罰の対象とされることがあります。審判のあずかり知らないこうした行為は無効であるばかりか、またそれによってスポーツから《面白さ》が取り去られてしまう危険が生じるからです。

ところでバスケットボールの競技規則は、いつ何時であれ、またゲームがどんな展開を示していても、ファウルが発生した瞬間、ボールはデッドの状態になると規定しています。これは厳密にいえば、どの時点でゲームがアウト・オブ・プレーになるのかをルールが定義しているのですが、その際、どの行為をファウルとみなして笛を吹くかの判断は、もちろん審判の専権事項に属する事柄としてあります。ただ、バスケットボールでは先に述べたような意味でのアドバンテージ・ルールは例外的にしか適用されず（フィールド・スロー中の選手に加えられた反則のみ。ただしこの例外は、例外であるゆえに重要性において劣るという性格のものではありません）、審判はルール違反をルール違反と判断すれば攻守の状況にかかわりなく、ただちに笛を吹いてゲームを中断させなければなりません。つまりこのスポーツの場合、問題の反則を処罰することがその後のゲーム展開上、反則を犯したチームにどのような利益となって跳ね返るかの配慮は、原則として審判に要求されないということです。

これに対してサッカーなどの試合で、もし審判が反則行為のすべてに、いちいち笛を吹くとなれば、ゲームの興趣は著しく殺がれてしまうことになります。というのは、サッカーはバスケットボールと異なり、得点成功のケース——そこにおいてサッカーの《面白さ》が頂点に達する——がさほど多くありません。したがって反則があったからといってゲームをそのたびに中断させ、結果的に得点チャンスの芽を摘み取ってしまったり、シュートまであと少しという攻撃の流れを無粋な形で審判が止めてしまうのは、反則という手段を用いて守備側が危険を脱することの不条理さよりも、究極的にはゲームの《面白さ》が破壊されてしまうために好ましくないとされるのです。ここに、サッカーやサッカーに類したスポーツにアドバンテージ・ルールが採用される理由があり、またそのルールに期待される究極的な機能があります。一方、バスケットボールにおけるアドバンテージ・ルールの不在性（あるいは例外的存在）については、コートが比較的狭く、ゴールが高い位置にあるこのスポーツの特性がそれを正当化することになります。ボールを保持するチームにはシュートを打てるチャンスが基本的に保障されており、したがって反則があるたびに審判がゲームを中断して罰則を科しても、その罰則がサッカーでいうペナルティキックに当たるフリースローである場合はもちろん、ボールの支配権が単に移動するだけのスローインであっても、常に反則をされた側に有利な形でゲームが再開されることになるので、審判は自分が見たとおり、反則を反則として笛を吹けばよいことになります。もちろん、そのようにして相手の反則で得たボールでシュートを試みてもカットされたり、また最初からあらぬ方向に投げられたりして、必ずしもゴールが成功するとは限りません。しかしここで重要なのは、いかに技術レベルが劣っていようと、バスケットボールではその気になりさえすればシュートを試みることだけはできる、ということです。「ボールの保有権をもたなければ得点することはできない」という、ごく当たり前の意味の言葉がバスケットボールでは貴重な格言とされますが、ボールをキープすることが即、得点チャンスにつながるというこのスポーツの特徴を踏まえれば、それなりに味のある言葉であるということができます。

私法的ルールの不在性という問題に関して、私たちはさらにもう一つ、サッカーやフィールドホッケーなど、接触プレーのあるスポーツでいわれるデンジャラス・プレーについても、その意味するところを見ておかなければなりません。

デンジャラス・プレーとは「相手に対しても、自分に対しても、非常に危険だと思われる行為」を指しています。この場合の「思われる」というのはもちろん審判によってであり、選手によって何がどう思われようと、いっさい問題とはなりません。こうして審判は、危険であるとみずから認めた行為に対して笛を吹き、ゲームをいったん中断させます。サッカーのように「蹴る」という動作からなるスポーツや、フィールドホッケーのように堅いスティックでボールを「打つ」というゲームでは、脚やスティックが他人を傷つける凶器と化す危険は常にあり、このデンジャラス・プレーのルールは傷害事故を未然に防ぐために存在するということができます。

もちろんそうしたわかり切ったことを強調するために、ここでデンジャラス・プレーのルールを引き合いに出しているのではありません。私たちが注目しなければならないのは、このデンジャラス・プレーが相手選手に危害を加えるにはまだいたっていない、そうした行為を指している点にあります。つまり、ある行為がすでに相手選手に具体的な損害をもたらしたものであれば、それはとくにデンジャラス・プレーと呼ばれる必要がなく、個々の反則の名のもとに処罰されればよいことになります。たとえばサッカーでは両足を投げ出してするタックルがデンジャラス・プレーの一つと定義されますが、この場合、それが成立するのは選手が両足を投げ出した瞬間においてであり、何らかの実害が発生した時点においてではありません。したがってトリッピングもプッシングも、字句どおりにいえば「デンジャラス」なプレーとなる可能性は大いに考えられますが、ルール上、それらは実害の発生を見る段階にまでいたった既遂の行為であり、本来の意味でのデンジャラス・プレーとは性格を異にしています。

それゆえデンジャラス・プレーと認定された行為に審判が罰則を科すとしても、それは決して、私法領域の秩序原則である平均的正義に基づいてそうされるのではないことになります。実害の発生は民事責任を生じさせる上に不可欠の要件であり、それなくして不法行為は成立せず、まだ具体的な損害を与えていない行為であるデンジャラス・プレーを、民法でいわれる不法行為に類するものとみなすことはできません。とすれば、これはあくまでも刑法的な、いわゆる犯罪未遂として罰せられるのだと解釈するよりほかありません。

前述したとおり、デンジャラス・プレーは「相手に対しても、自分に対しても」危険とみなされる行為です。この場合、「相手に対して」危険と思われるプレーをするにせよ（たとえばサッカーで、ヘディングで処理しようとしている浮き球に相手選手が足を上げて触れようとする行為）、また「自分に対して」危険と思われる行為を選手みずからが敢えて行うにせよ（逆に、足で処理しようとしている浮き球にヘディングを試みる行為）、そのいずれのケースでも危険を回避するための一定努力を相手に強いることになり、自由にプレーをする選手の権利は著しく阻害されることになります。したがって、そうした結果を生む恐れのある行為の発生を責任を担保にして未然に阻止しようとするのが、デンジャラス・プレーのルールに認められる意味ということになります。それは刑法にいう未遂のうちの、とくに着手未遂（実行行為そのものが完了しなかった場合。たとえば殺人の目的でピストルを突きつけたところで逮捕された場合のような）によく似た性格をもつ行為ということができます。

最後に付言しておけば、刑法第三八条には、故意のない行為は原則として罰しないとあります。これに対してスポーツの場合、審判がある行為をルール違反と認定するに際して当のプレーが故意によるものか、過失によるものかの判断は原則として要求されません（もちろん明らかに故意の違法行為と分かるケースもあるわけで、この場合は罰則に加えて当然、何らかの警告が発せられるはずです）。こうして審判は選手の内心の状態をほとんど問題とせず、それ以前に瞬時に下す必要のある判定に際していちいち内心の状態を問題とするのは不可能であることから、彼はもっぱら選手がとる行為を外見からのみ判断して、罰則適用の適否を決めることになります。こうして近代刑法の精神である《疑わしきは被告の利益に》はスポーツの世界では通用せず、疑わしい選手はそのまま罰せられたり、本当に罪ある選手は不問のまま放置されたりします。こうした審判の裁定行為のなかに、公法が律する権力関係の、最も権力的な側面を見ることも可能となります。過去の時代における問答無用の刑罰とよく似たスポーツ版のこの罰則適用メカニズムは、スポーツやそのルールをもっぱら正義や公正といった価値観のみから理解しようとする人たちにとっては頭痛を催させる、やっかいな矛盾の種となるものでしょう。こうした形で罰則が適用されるのは、またこうした形で審判と選手との間の権力関係が設定されるのは、ひとえに、そうでなければスポーツに《面白さ》が保障されないとする、関係者の合意的認識に基づいてのことです。つまりスポーツ全体の利益に鑑みての措置ということができます。

スポーツにおいて、何を罰すべきで何を罰すべきでないかは、すべて審判がこれを判断します。その判断に選手が口を挟むことはルールが厳しく禁止しており、その意味からも、スポーツ競技の場で意味をもつのは配分的正義のみ、ということになります。刑事責任と民事責任の性格上のちがいについてはいろいろな議論がありますが、通説に従えば刑事責任の追及は行為者に向けられた応報であるとともに、そうした害悪が再び発生するのを未然に防ぐための措置であるとされます。これに対して民事責任は、被害者に生じた損害を補填することにより、加害者と被害者の間の負担の公平を図るためのものです。スポーツの場合、公法的性格をもつそのルールの罰則規定が狙いとするところは、違法行為の対象とされた選手（およびチーム）の損害を補填するというより、違反の再発防止と応報的効果の追求にあると考えられます。

以上、競技ルールには私法的な性格のものがないことを、正義の実現形式という観点から見てきました。ここでは解説の都合上、民法と刑法を対立的に並べ、両者の特性上の差異からスポーツルールのもつ公法的な性格を描き出しましたが、スポーツルールのそうした性格は、その多くがむしろ行政法に極めて類似しているという点においてこそ強調されるべきものです。この点については以下の記述のなかで触れることになります。

2 スポーツルールを形づくるもの

じゃんけんルール論を展開した序章で、勝ち負け遊びには四種類の規範のあることを指摘しましたが、スポーツもこれとまったく同じ種類のルールを備えています。その一つひとつに専門的な名称を施し、ここに改めて提示しますと、スポーツのルールは次の四つの規範によって形づくられていることになります。

①条理的行為規範
②刑法的行為規範
③行政法的行為規範
④組織規範

この四つの規範が備える特性に注目し、それぞれの相対的な位置関係を考慮しながら全体の成り立

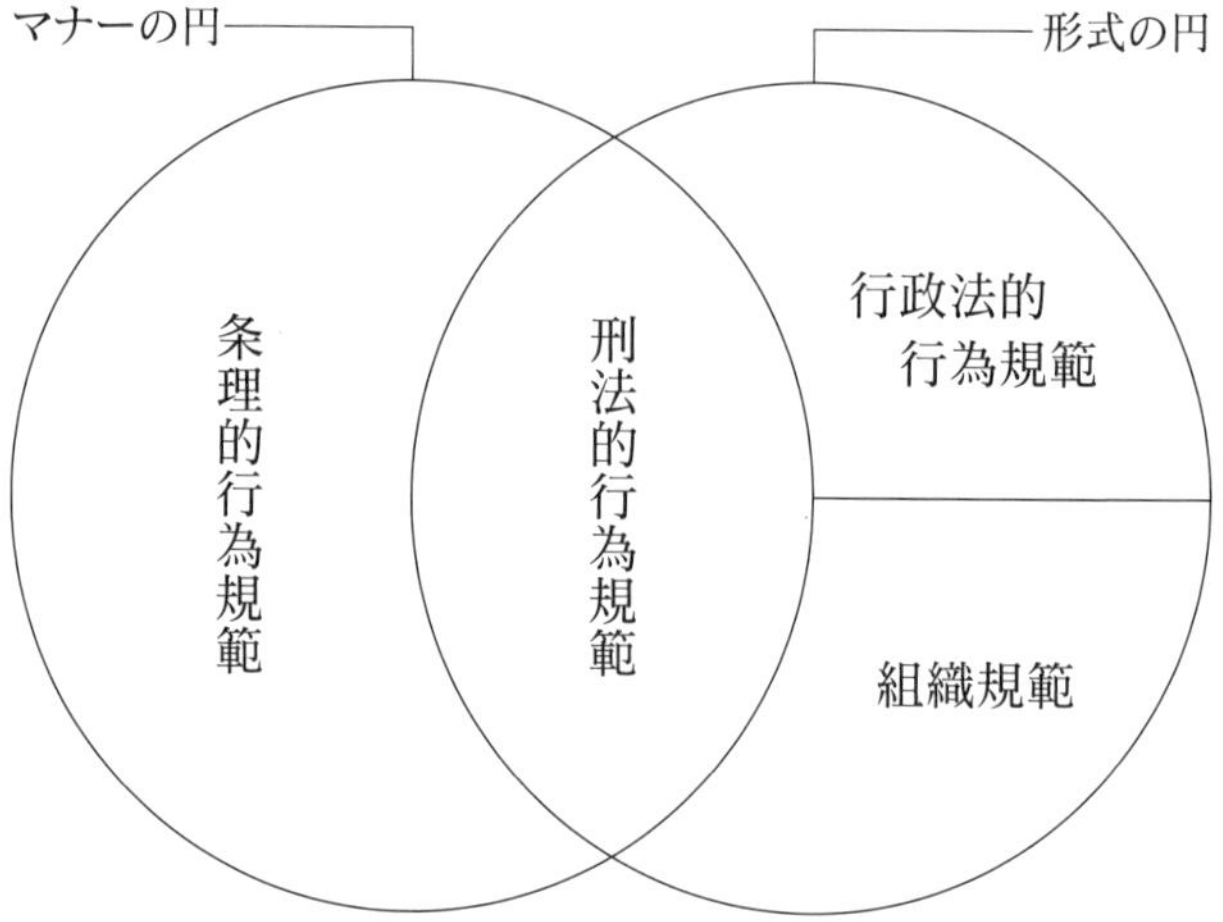

図1　スポーツルールの構造

ちを示したのが、図1にあるルール構造図です。

この図は三段論法の証明などで用いられる論理図と同じ意味合いをもつもので、すなわち全体と部分との、いわゆる「含み・含まれる」関係から成り立っています。スポーツのルールはまず、それが「マナー」に関係するものか、「形式」に関係するものかによって大きく二つの種類に分けることができ、図のなかに大きな円が二つ描かれているのは、そのことを意味しています。左側に位置する条理的行為規範が「マナーの円」だけに含まれているのは、また右側にある行政法的行為規範と組織規範が「形式の円」だけに含まれているのは、両者がそれぞれ「マナー」か「形式」かの、いずれか一方とのみかかわりをもつルールであることを意味しています。これに対して中央に位置する刑法的行為規範は、「マナーの円」にも、「形式の円」にも含まれています。それゆえこの規範はマナーを律するものでありながら「形式」という側面をも併せ持つ、そうした二面性を備えたルールであるということが分かります。

①の条理的行為規範から③の行政法的行為規範までは、いずれも行為規範であると同時に裁判規範でもあります。そして私法というのは元来、裁判規範となり得ても行為規範となれないことを考慮に入れれば、ここにおいてもまたスポーツルールの、公法とよく似た性格が浮かび上がってきます。また①の条理的行為規範を除くと、その他はすべて「形式」の円に含まれることから行政法的な性格をもつ規範であり、こうして②の刑法的行為規範は法学的な観点からすれば、むしろ行政刑法的行為規範と呼ばれるのが適当かも知れません。敢えて本書が刑法的行為規範という名称を用いるのは、そうすることによってこの規範のもつ性格や特徴が、より明確になると考えてのことです。また、「行為規範」および「裁判規範」と並んで法の三重構造の一要素に挙げられる「組織規範」については法学で用いられる用語をそのまま拝借し、スポーツルールの第四の構造要素としました。これは行為規範でも裁判規範でもないところにその特徴をもつルール、すなわち選手に違反することのできないルールです。

【1】……条理的行為規範

条理とは何かといえば、物事の道理や筋道を意味しています。それははじめからこうだと、具体的な形で社会に存在するものでなく、私たちがある場面に臨んで妥当と思われる行動を取る上での、いわば心構えのようなものを指しています。あるいはここに一〇〇人の人がいて、ある問題を解決するに当たってその九九人までが賛意を示すような、そうした社会通念のような考え方ということもできます。

社会生活のなかで生じた係争を処理するに際して、判断の拠り所となる具体的な規定を制定法や判例法などのいずれにも見出せない場合、裁判官は通常、条理を援用してその解決に当たります。もっとも、罪刑法定主義が確立されている今日の社会では、刑事責任を追求するに当たってこの条理が持ち出されることはありません。したがってこれは、法律に規定がないことを理由に司法判断を拒否できない、民事訴訟の分野において意味をもつ概念ということになります。

このことは、スポーツルールに私法的性格は認められないとするこれまでの主張と一見、矛盾するかのように思われますが、決してそうではありません。というのは、公法（特に刑法）と条理はそれぞれの本来上の性格からして無関係なものどうしでなく、法の規定による以外は罰せられないとする罪刑法定主義を、近代社会が支持したために互いの関係を断たれるようになった、そうした間柄のものだからです。支配者が条理といったものを引き合いに出して恣意的に刑罰を適用するのは、国民にとっては困りものです。そうしたことができないよう条理の用い方に一定の制限が加えられるようになったわけで、このことを裏返しにしていえば、スポーツの世界では明確な罪刑法定主義は確立されていないということになります。競技ルールに明文規定はなくとも審判は条理に照らして選手を処罰することができますし、さらにはある具体的なルール違反に対し、条理的解釈に基づいて規定以上の重い罰を科すことも審判にはできるのです。

この条理的行為規範の具体例としては、たとえばスポーツマンシップやフェアプレーといったものを想定しておけばよいでしょう。その定義づけを試みれば、次のようになります。

《条理的行為規範とは、スポーツの場で選手が遵守しなければならないとされる道徳的性格の規範のうち、遵守されるべき中身としての行為を前もって特定することが困難であるため、たとえ成文化したとしても具体的な形で法的安定性の確保に貢献することのないルールをいう》。

条理的行為規範とは、書き言葉を用いてルールブックに具体的な形で盛り込むことは技術的にむずかしいが、選手がスポーツの場で遵守しなければならないとされる行為上の規範を指しています。それにはスポーツマンシップやフェアプレーがあり、また武道の分野でよく話題にされる敵者尊重の精神があります。あるいはスポーツの世界で重視される各種の美徳、たとえば身体的勇気、忍耐の精神、自制心、没我（みずからを殺す）、公正な手段の使用、といった事柄を、スポーツマンシップの中身として挙げることもできます。もっと一般的には、「相手を敬うこと」「みずからをコントロールすること」「最後まで最善を尽すこと」といった意味合いのものも、スポーツマンシップと呼ばれてよいでしょう。

ただ、そうはいっても、競技中、何をどうすることがスポーツマンシップでありフェアプレーなのかの具体的なところははっきりと分からず、それについては結局のところ、試合中の個々の場面と状況に応じて、いちいち判断していく以外に方法がないように思われます。要するに、スポーツマンシップやフェアプレーは一般社会でいわれる「正義」、つまり「人がふみ行うべき正しい道」（広辞苑）と同じで、前もって具体的な形で《これがそうだ》と、その内容についてあらかじめ特定することはできません。したがって普段なら何の注意も払われないごくありきたりの一挙手一投足が、ある状況においてはスポーツマンシップにかなった素晴らしい行為と評されることもあれば、また別の場面では極めてアンフェアなプレーと糾弾される可能性もあるわけで、ただ単に《フェアプレー精神でやれ》と競技ルールが選手に要求してみたところで、それだけで具体的な行為の指示や、法的安定性の確保がなされるものではありません。

もちろん、そうしたことを理由に、私たちはスポーツの場から、こうした理念を追放してしまってよいわけはありません。いかにスポーツが本質において倫理的に無色の活動であるといっても、それが動物の世界で見られるような、単なるエネルギーのぶつかり合いに終始することを私たち人間は拒否します。こうして社会一般の生活において重視される正義とまったく同じ意味合いのものが、スポーツマンシップとかフェアプレーとかの名前をつけられてスポーツの場にも持ち込まれ、その実現方が叫ばれるのです。それは人間活動のあるところ、どの領域においても必要とされる理念であり、それゆえ時たまいわれるように、スポーツマンシップやフェアプレーを求めるルールがあるからスポーツは正義の活動である、というのではありません。自動車を運転する人も企業活動を営む人もまったく同じ種類のルールに縛られているのですが、だからといって運転や企業の経営を、正義の活動とは呼ばないのと同じことです。ただ、そうした理念の追求をよしとする《宣言》がなされた上、それに即した形でいつもスポーツの展開があるということになれば、スポーツをそのような活動と呼ぶことは許されるかも知れません。

いずれにせよ、フェアプレーやスポーツマンシップといった普遍化され抽象化された理念は、具体的な行為を指示し得ないという意味において、法的安定性の確保に直接、貢献することがありません。そうした役割は具体的な内容を備えて存在する他の競技ルールが担うところで、とくにマナーにかかわる刑法的行為規範の遵守のされ方が形骸化しないよう、その実質的な存在理由がないがしろにされないよう、背後から睨みをきかせているのがこの条理的行為規範だということになります。

こうした性格を備える条理的行為規範は、それを敢えて具体的な中身をもつ文章にして書き表せば、時として重大な不都合をもたらすことにもなりかねません。この点について、二、三の例に即して考えてみることにしましょう。

まずは敵者尊重の精神ですが、いかにそれが価値のある理念だといっても、その遵守方について、具体的な形で選手に強いることはできません。というのは、いくらゲーム中にA選手が敵であるB選手を尊重すべきだといっても、そのことを根拠にB選手に対し、A選手から尊重されることの具体的請求権を与えるわけにはいかないからです。さらにまた、具体的に何をどうすることが敵者尊重の精神にかなうものか、かなわないものかは、結局のところ、個々の場面に臨んで選手が一つひとつ判断していく以外に方法がありません。このような、義務履行の相手方（A選手に対するB選手、B選手に対するA選手）が当の義務履行を請求する具体的権利をもたない片面的性格の債務行為、すなわち債権を前提としない一方的な債務履行行為は、一般に規範として立法化されることはありませんし、競技ルールのなかに顔をのぞかせるのも例外的なことにすぎません。

あるいは、こんな例はどうでしょうか。

一九六四年に開かれたオリンピック東京大会が終わったあと、「国際フェアプレー賞」という表彰制度が設けられました。そのきっかけとなったのは大会中のヨット競技で発生した転覆事故で、海に投げ出された競争相手の選手たちを見て、他の国の選手がレースを中断し、自主的に救助に向かったという出来事です。この行為をフェアプレーとして表彰しようという声がオリンピック関係者の間で持ち上がり、賞の創設へとつながったのですが、たしかに勝利の可能性をみずから放棄してまで敵選手の救助に向かった選手たちのスポーツマンシップ精神は、いくら称讃しても、しすぎるということがありません。

しかしこの場合、転覆した艇があればフェアプレーの精神から救助に向かうべしと、ヨットの競技ルールに書き込むことはできません。勝てないと分かったチームが故意に艇を転覆させるかも知れず、そのようにルールが悪用され、却って各種の不都合を招く可能性があるからです。右の例のように人命救助に向かうのもフェアプレーなら、そうしないで最後まで競技にベストを尽くすことも、やはりフェアプレーだと考えられます。この間の矛盾の解決は、最終的に選手の判断に委ねる以外に方法がありません。

さらにもう一つ、戦前の陸上競技界で活躍した竹中という長距離選手にまつわるエピソードを、ここでの例に取り上げることにしましょう。その竹中選手がスカンジナヴィアで一万メートルのレースに出場したときの話です。

一九二〇年代から三〇年代にかけて陸上競技の長距離種目では、ヌルミといった選手に代表される北欧勢が圧倒的に強く、竹中選手も彼らに差をつけられて苦しいレース展開を強いられました。そして直線路を走っているとき世界記録を狙う北欧の選手たちが背後から迫ってきたのですが、彼らに追い抜かれるその刹那、竹中選手はアウトコースに走路を変えたそうです。その結果、北欧勢はそのまま真っ直ぐ内側のレーンを、つまりは最短コースを走りつづけることができました。レースの翌日、現地の新聞はこのことを清々しいニュースとして取り上げ、コースを譲った竹中選手のスポーツマンシップ精神を大いに誉め称えました。そのニュースは日本にも速報の電信で伝えられ、それを知った人びとが大勢、船で帰国した竹中選手を港にまで出迎え、やはり称讃の言葉を浴びせて止みませんでした。

ところが当の竹中選手は、こうした歓迎を前に困惑気味でした。そして彼はこんなことをいったのです——私も日本代表選手として競技に出場した以上、いかに周回遅れとはいえ、みずからのベスト記録を狙うのがスポーツマンシップだと信じている。レース中に走路を譲るのは明らかにスポーツマンシップ精神に反した許されない行為であり、私自身はそれをした覚えはない。あれはたまたま、私が外側によろけたのだ、というのです。

少し前に、「普段なら何の注意も払われないごくありきたりの一挙手一投足が、ある状況においてはスポーツマンシップにかなった素晴らしい行為と評されることもあれば、またある時には逆に極めてアンフェアなプレーとして糾弾されることもある」と私は書きましたが、これはまさにその好例です。結果的に走路を譲ったことを北欧の新聞はスポーツマンシップにかなった素晴らしい行為とみなし、当の竹中選手はアンフェアなプレーと見たのですから。

この場合も、周回遅れの選手はスポーツマンシップ精神に則り走路を譲るべきであるとか、ないとか、ルールブックに書くことはできません。どうするかは時どきの状況により、つまりは条理的行為規範が求めるスポーツマンシップ精神に則り、選手自身が判断すればよいことなのです。

【2】……刑法的行為規範

行政法学者で元最高裁判所判事の田中二郎氏によれば、刑法にいう犯罪とは「法の規定をまつまでもなく社会生活上当然に侵すべからざる道徳的本分に違反し、法益に現実の侵害を加えるが故に処罰されるべき行為であり、それ自身反道徳性・反社会性を有する」とされます。それは自明の道徳的本分に背くとともに、個人の法益（法の保護する利益）に実質的な侵害を加える行為を指しています。この犯罪に類する行為の実行を諌めるために定められたスポーツのルールを、本書では刑法的行為規範と呼ぶことにします。

ごく一般的にいって、スポーツ競技で相手を殴ることは「規定をまつまでもなく……当然に侵すべからざる道徳的本分に違反」する行為とされます。このことは前にも述べたとおり、もちろんボクシングには当てはまりません。マナー違反や道徳違反を禁止することにその存在の理由をもつルールは、どの種目のスポーツも備えるところですが、どのような行為がその種のルールの規制対象となるかは、一概にいえるものではありません。別のいい方をすれば、スポーツルールが保護する個人的法益の中身は、スポーツの種類を異にすればおのずとちがってくるということです。このことを踏まえて刑法的行為規範を定義すると、次のようになります。

《刑法的行為規範とは、競技中、相手選手に具体的な損害を与え、または与える恐れのある行為の実行を、責任を担保にして禁止するルールである。ただしこの場合、何をもって実害の発生があったと見るかは、つまり選手が受忍すべき被害の限度をどこに定めるかは、スポーツの種目によって同一でない》。

このように刑法的行為規範とは、一つには身体接触の許容範囲について関係者が下す、主観的な性格の宣言をその内容としています。よく知られるように、バスケットボールのルールでは原則として身体接触は認められませんが、サッカーでは肩によるチャージングは許されています。またサッカーとラグビーではタックルの概念はまったく異なり、さらにアメリカン・フットボールでは、ボールを持たない選手へのタックルも許されます。こうなると、それぞれのスポーツの間で矛盾し合うルールの中身を相互に比較して何かを論ずること――たとえばどちらが正しくて、どちらが正しくないとか主張することには、ほとんど意味が認められなくなります。刑法的行為規範が俗にいうマナー違反を禁止するルールであるとしても、問題のマナーは刑法にいわれる犯罪とはちがい、「規定をまつまでもなく、当然に侵すべからざる」性格のものであるとは必ずしも限りません。何がマナー違反であるかは結局のところ、それぞれの種目関係者が合意のもとに行う宣言にまたなくてはならないからです。

ラグビーのルールが定義するタックルを、サッカーのルールがよしとしないのは、それが本性上において「正義と公正の観念」に反するものだから、というのではもちろんありません。仮にそれが真実であるなら、それ以前にラグビー関係者がそれを禁止してしまっていてよいはずです。サッカー関係者の頭のなかには、サッカーという競技の展開に関してあるイメージされた行為パターンが共通して存在しており、そのパターンに照らしてみた場合、ラグビー型のタックルはどのようにも容認されることがありません。つまり、そのイメージされたパターンとの対応関係においてはじめてラグビー型タックルは否定され、結果的にマナー違反とされるわけです。このように考えると、競技関係者がルールに託してこのイメージされたパターンの再現性を保障しようとするとき、そこには常に「政策的」な意図が働いていることになります。また、加害行為をどこまで容認するかの限度について関係者が一定の宣言を下すとき、その拠り所となるのは一般的かつ抽象的な道徳概念でなく、当該のスポーツにどう《面白さ》を保障するかの、すなわち「政策的」な配慮にほかなりません。こうしてバスケットボールやテニスのように接触行為をいっさい容認しないスポーツもあれば、ラグビーやサッカーのように一定限度のそれを、むしろ《面白さ》を保障する不可欠の要件とみなし、容認するスポーツもまたあるわけです。

こうして結論的にいえば、必ずしも自明の道徳的本分を云々するのでない刑法的行為規範は、競技関係者のいわば「政策的」な意図に沿って定められるものであることから、厳密には「行政刑法的行為規範」と称され、本来的には次項で解説する行政法的行為規範の一部をなすものとみなされてよいものです。

このように、刑法的行為規範はある限度以上の身体接触プレーを選手に禁止することで、と同時に、ある限度までの身体接触プレーを容認することで《面白さの保障》に貢献します。それはまた刑法第二三一条に規定される侮辱罪と同じく、競技関係者（選手、コーチ、審判、役員等）の人格や名誉を保護しようとの観点からも、選手やコーチが競技の場においてとるべき行動の仕方について指示を下します。接触プレーのないバレーボールやテニス、あるいは器械体操のような完全に個人別・チーム別の並行演技からなるスポーツでは、当然のことながら刑法的行為規範は数において少なくなり、時にはバスケットボールの競技ルールにいうテクニカル・ファウルに類するもの、すなわち非紳士的な言動を禁止するルールを備えるだけ、といったこともあります。

このスポーツ版の刑事罰はいうまでもなく、場面に応じてその軽重を異にします。フリーキック系統の罰は刑法でいえば罰金に相当するものですが、それ以上の重い罰も当然、適用されることがあります。社会で適用される罰金は公権力が私人の財産の一部を剥奪する行為ですが、スポーツ競技においては、ボール支配権の剥奪（支配権をもたない場合はボールへの接近権の剥奪）がそれに当たります。しかし、刑法的行為規範への違反がとくに重大な結果を相手選手や相手チーム、あるいは当該ゲームの《面白さ》そのものにもたらした場合、ペナルティキックやフリースローといった、無防備もしくはそれに近い形でなされる敵のシュートに甘んじさせられたり、また刑法が定める死刑、懲役、禁固、つまり社会生活を営む自由を個人から剥奪する刑罰（自由刑）と同じく、スポーツでは除名、資格停止、退場といった制裁が適用され、少なくとも当該のルールが直接管理する場において競技生活を営む自由が、有期もしくは無期の形で選手から剥奪されることになります。そしてこの場合、条理的行為規範が罰則適用の可否、およびその軽重に関する判断に側面的な基準としての役目を果たすことは、すでに述べたとおりです。

最後にまとめの意味で述べておきますと、マナーを律する刑法的行為規範は、次の三つの特徴を備えています。

①中身の理解が常識から可能なこと。

形式でなく、マナーにかかわる実質的な内容を備えて存在する刑法的行為規範について、私たちはその存在の理由を常識から類推することができます。たとえば相手選手を押したり突いたりしたところで審判の笛が吹かれれば、試合を観る人はたとえその反則の具体的な名前を知らなくても、あるいはいま眼前で繰り広げられているスポーツのことをよく知らなくても、なぜ笛が吹かれたかの意味を容易に理解することができます。つまり私たちがもつ道徳的な価値基準に照らして、他人に被害をもたらす行為がスポーツの場でも禁止されていることに納得がいくはずです。

②時代を経ても大きな変化がないこと。

私たちが社会で共有する道徳的な価値基準は、年月を経ても大きく変化を遂げるとは考えられません。人に危害をもたらす行為はこれまでがそうであったように、将来においても許されるはずはありません。これと同様、スポーツの刑法的行為規範も、ある日突然、解禁されるようになるとは考えられません。この場合、変わるとすれば、マナーに違反があった場合の、制裁規定の中身です。

バスケットボールではチーム全体で何回かファウルを犯すと、次のファウルからはシュート動作を妨害する行為でなくても、直接ゴールを目がけての、二本のフリースローが相手チームに与えられます。こうしてファウルを重ねれば重ねるほど相手チームの得点機会を増やすことになり、そのように罰則を厳しくして違反の再発を防ごうというわけです。バスケットボールのチームファウル規定は一九七三年になってはじめて導入されたものですが、そのときの上限ファウル数は一〇であったものが、一九八一年からは八に減らされました。当時と今とではバスケットボールの試合時間に変更が加わって単純な比較はむずかしいのですが、現行ルールでは一〇分間のクオーターで同一チームが四回のファウルを犯すと、次の五回目からはすべて、相手チームのフリースローにつながります。

またラグビー、ハンドボール、フィールドホッケーなどでは近年、身体接触にかかわる重大な反則を犯した選手を一定時間、コート外に退去させる制裁規定が新たに設けられました。つまり、何をマナー違反と見るかの規定そのものは変化しないまま、それについての応報措置が強化され、厳罰主義で臨まれるようになったということです。

③基本的にどのスポーツにも適用が可能なこと。

バスケットボールでいうパーソナル・ファウルとテクニカル・ファウルは、基本的にどのスポーツにもその適用が可能です。実際、サッカーやラグビー、またハンドボールのような、身体接触の可能性のあるスポーツは名前こそちがえ、それぞれがマナーを律する同じ性格の反則規定を備えています。

もちろん前にも述べたように、どこまでの身体接触を許容し、どこからをマナー違反とするかの受忍の限度については種目を異にすればちがってきますが、その場合でも、押すな、足をかけるな、殴るな、進路を妨害するな、といった基本の部分は、どのスポーツでも同じことです。

またバスケットボールでは相手に被害をもたらす身体接触が意図的なものとみなされれば、アンスポーツマンライク・ファウルとして通常のファウルよりも重い罰則が適用され、また極めて悪質な違反であると判断されたとき、ディスクオリファイイング・ファウルとして即座に失格・退場となってしまいます。刑法的行為規範に条理的行為規範がプラスされたともいえるこうした応報措置は結局、どのスポーツ種目も採用しているところで、身体接触のないバレーボールのようなネット型スポーツもその例外ではありません。そして近年、そうした措置を選手にも観客にも分かりやすく伝えるために、サッカー以外のスポーツ種目においても、イエローカードやレッドカードが採用されるようになっています。

【3】……行政法的行為規範

行政上の目的を実現するために国家は法律をもって、国民に対して種々の命令や禁止を課します。この種の法律を総称して行政法と呼びますが、それは大まかにいって行政刑法と秩序罰法の二種類に分類されます。行政法上の義務違反に対して科せられる制裁は一般に行政罰と呼ばれますが、この行政罰のうち、刑法に刑名のある罰（死刑、懲役など。ただし、これらは行政刑罰と呼ばれる）を規定した法が行政刑法であり、前項で見た刑法的行為規範は正しくは刑法にでなく、この行政刑法に対応するスポーツルールだということになります。一方、過料と称される金銭罰（いわゆる秩序罰）を規定した法規が秩序罰法であり、これに対応するスポーツルールが、ここで見ていく行政法的行為規範です。

行政法に違反する行為、すなわち行政犯は、別に法定犯あるいは形式犯とも呼ばれます。ある行為が行政法上の規定に違反するとしても、当該の違反行為それ自体が反社会性をもつわけでなく、行政上の目的において定められる一定の形式的命令に違反することで行政の目的を侵害することから、反社会性をもつとされるからです。この場合、自明の道徳的本分への違反を諫める刑法とは異なり、個々の行政法に違反をしても当の行政上の目的を知るのでない限り、違反行為のもつ「反社会性」についての認識は得られないことになります。

この点について、車輌の左側通行という規則を例にとって考えてみることにしましょう。

わが国では自動車は道路の左側を通行しなければなりませんが、これはもちろん、何らかの道徳的要請を満たすためにそう決められているのではありません。自動車は道路の右側を走っても左側を走ってもよいもので、右（あるいは左）側を走る方が左（あるいは右）側を走るよりも正しいとか、優れているとかいうことはできません。現に世界の大多数の国では右側通行制が採用されていて、この彼我の事情のちがいを道徳的にどうこう議論してもはじまらないことは、改めていうまでもありません。その本質は《そうであってもなくてもよい形式》であり、もちろんそれに違反して何かをすることは時に道徳的な性格の非難にも値するでしょうが、右側通行もしくは左側通行それ自体のなかに、何ら道徳的な意味合いは含まれていません。法によって人間の行為の取り方を指示することで法的安定性を確保し、それによって通行上の安全を実現するという目的において、右か左かが定められるわけです。それゆえ何も知らない外国人が日本にやって来て、道路の右側を車で走ったとしても、彼に道徳的な意味合いの非難を浴びせるのは本質的には無意味なことです。この場合、左側通行という行政法上の命令に関する彼の無知が批判され、責任の対象とされるのでなくてはなりません。

ということは、右を走るべきか左を走るべきかの唯一の判断基準は、関係の行政法のなかに求める以外はありません。いかに悟りを開いた仙人が深い瞑想に耽ったところで、彼が当該法にある具体的規定を知っているのでなければ右か左かを言い当てることはできませんし、仮に言い当てたとしても、それは単なるまぐれでしかありません。結局、右を走るか左を走るかは、端的にいってどちらでもよい形式上の取り決めです。それをどちらか一方に決めること――ヴィノグラドフ流にいえばどちらか一方に「宣言する」ことが重要なのであり、それによって法的安定性の確保ができ、交通の安全という目的が達せられればそれでよいことなのです。

以上の議論は田中二郎氏が挙げる行政法の三大特性のうちの、「技術性」という特徴について述べたものです。これを要約すると、国家公共の利益を実現するという行政法規の目的上、この目的に奉仕する技術的・手段的・形式的な性質を、この種の法規は備え持つということです。と同時に、ここでさらにもう一点、「画一強行性」という行政法規の特性についても確認をしておく必要があります。一般に多数の国民を相手方とする行政法規は、人間個々の内面的な意思の如何にかかわらず、実行行為の客観的・形式的・外観的な状況に即して、強制的に画一平等の規制を図ろうとします。したがって法的生活の安定を図るという意味合いからしてそれは当然、成文法という形をとることが要求されます。

行政法のもつ特徴をこのように捉えれば、それとほぼ性格を同じくするルールが、スポーツの世界にも数多く存在することが容易に分かります。この一群のルールを本書は行政法的行為規範と呼ぶわけですが、それは数の多さにおいてのみならず、スポーツ競技の実際場面において果たすその役割からしても、極めて重要な位置をルール体系中に占めています。

次の章で具体的な例に即して、行政法的行為規範が命じる各種の形式について見ていきますが、ここであらかじめそのうちの代表的なものを思いつくままに列挙しますと、トラベリングや三秒ルールといったバスケットボールにおけるバイオレーション関係のルール、バレーボールのフォアヒットやタッチネット、野球における左回り進塁ルールやタッチ・アップ規定、サッカーやラグビーにおけるオフサイドルール、バドミントンやテニスにおけるサービス球の落下区域制限などと、枚挙にいとまがありません。

右に挙げたいくつかのルールに代表される行政法的行為規範の特徴は、前述した車輌の左側通行規則と同様、それが規定する中身に関して科学的真理や道徳倫理などから類推することを人に許さない、そうした性格のルールだという点にあります。

サッカーのオフサイドルールもバスケットボールの三秒ルールも、それらがなければ容易に得点できるケースが増大し、いわば拍子抜けしたような雰囲気が競技全体を支配することになります。オフサイドルールにおける「二人以上」という人数規定や、三秒ルールの「三秒」という時間規定は、自動車が右を行くか左を行くかとまったく同様、スポーツ関係者が《面白さの保障》という目的を考慮に入れた上で主観的に取り決めた合意上の宣言であって、その宣言の中身そのものはルール規定を実際に読んだり聞いたりした者でない限り、知ることはできません。本質的な問題として、サッカーのオフサイドルールは「二人以上」であってもなくてもよく、三秒ルールにとって代って、二秒ルールや四秒ルールがバスケットボールに存在してもよいことになります。しかしそれぞれの種目関係者は現行のとおりのルールを、それでもって《面白さの保障》が可能であると判断して定めたわけで、将来、それでは《面白さ》が保障されないということになれば、新たに中身が書き換えられる運命にあります。

右の議論からも分かるように、行政法的行為規範が規定する中身それ自体は、実に形式的なものばかりです。少なくともその中身のあり方について、何らかの真理や摂理を楯にとって正当化することはできません。その意味において、たとえばタッチネットのルールがなく、サービスがあるたびにネットを下に引っぱり味方のボールを通過させるのがバレーボールであったとしても、だからといってそのバレーボールを不道徳なものと決めつけ、排斥してよい理由はどこにもないことになります。ここで最も重要なことは、《面白さの保障》という点に関する関係者の主観的な合意のみが、これらルールの存在を正当化する唯一の判断材料を構成するという点にあります。社会の行政法とは、また本項で扱う行政法的行為規範とは、本質的にそのような性格を備えています。それ自体としてはまったく意味のないことが、法やルールが奉仕する目的との関係においてはじめて、ある重要な意味を備えるということです。

こうして行政法的行為規範は、次のように定義することができます。

《行政法的行為規範とは、予備検束を可能にする「治安維持法」的な性格を本質的に備え、スポーツ関係者が個々のスポーツに関し、そのまま放置すれば当該スポーツの「面白さ」が破壊されるとあらかじめ判断して宣言した行為を禁止するとともに、その実行者に対して画一強行的に処罰を施す。ただし当該行為は相手選手に何らの実害をもたらす行為でなく、「面白さの保障」という、当該スポーツの存立にかかわる全体的利益を考慮して主観的に定められた、技術的で形式的な命令に違反する行為をいう》。

前項で扱った刑法的行為規範について、それへの違反があったかどうかはもっぱら行為者の外見から判断されると述べましたが、行政法的行為規範に対する違反の場合はもっと直裁的です。この規範の適用に関してアドバンテージのようなルールは一切関与せず、規定に照らして違反があったと審判が判断すれば、すべてが直ちに、つまり「画一強行的」に摘発されてしまいます（その唯一の例外が、次章で検討する野球のアピールプレーです）。というのは、いかに行政法的行為規範が形式的な内容の命令であるとはいえ、その形式が関係スポーツの展開パターンを規定し、関係者が考える《面白さ》を保障する上に最重要の実質的役割を担うものである以上、違反の摘発は画一強行的とならざるを得ないからです。この種の行為規範への違反を見過ごしにすることは、関係者が想定するのとは別の性格のスポーツに変質してしまう危険を放置することにつながります。それゆえ見た目にはいかに軽微と映る違反であっても、またそれへの処罰適用がいかに形式的で杓子定規なものと選手や観客の目には映っても、摘発の手が緩められることはありません。

オリンピック東京大会で「東洋の魔女」と呼ばれた日本女子バレーボール・チームが最後のポイントをあげて優勝したのは、ソビエトの選手がオーバーネットの反則を犯したからでした。もちろん、当のソビエト選手にすれば、ネットを越えて日本チームのコートにまで手を伸ばし、そのトスプレーを妨害しようなどという意図はまったくなかったでしょう。しかし、オーバーネットを反則とするルールを仮にバレーボールが当初からもたなかったとすれば、そうした種類の妨害プレーが今日、一般化している可能性は大いにあります。それが良いとか悪いとかの、究極的な価値判断は誰にもできません。そういうバレーボールがあったとしても、それはそれでよいことなのですから。しかしバレーボールの関係者はそれをよしとせず、それによっては《面白さ》が得られないと判断したのであり、そう判断された以上、彼らのいう《面白さ》を破壊する恐れを常に秘めているオーバーネットは、どのようにも許されるべきものではありません。選手の意思はどうあれ、行政法的行為規範への違反はスポーツに変質を企てる許しがたい行いとして、また関係者が考える《面白さ》を破壊してしまう危険を秘めた行為として、すべてが画一強行的に処罰されることになるのです。

行政法的行為規範が規定する中身に備わる、それ自体としての形式性は、時として極端なところにまでいきます。その典型例がフィールドホッケーのブリー規定であり、その現行規定によれば、ルール違反以外の何らかの原因で試合が停止されたときの再開方法として、向かい合う二選手が自分のスティックでボールの右側のフィールドをたたき、続いてボールの上方で相手のスティックに軽く「一回」打ち合わせた後、どちらかがボールを動かしてインプレーとなります。つい最近までスティックを打ち合わせる回数は「三回」でしたが、これは絶対にそうでなくてはならないというものではなく、現行の「一回」が将来、二回になっても四回になってもおかしくはありません。この種のルールの中身について、「なぜ」そうなのかを問うことにあまり意味はありませんし、そうした問いに説得力のある解答を用意することもできません。こうした完全に形式的な内容の規範、つまり、そう宣言されたからそうなっているというルールは主として法的安定性の確保に貢献し、それによって打ち立てられる秩序を介して、間接的な形で《面白さの保障》に寄与します。この種の純然たる形式を中身とするルールのいくつかは罰則規定そのものをもたず、それへの違反行為は単に無効とみなされ、やり直しが命ぜられるだけのことがあります。もっとも、罰が加えられるにせよ、やり直しとなるだけにせよ、行政法的行為規範がする形式的命令への違反がそのまま見過ごしにされることは原則としてありません。

前に説明を加えた条理的行為規範は、選手が刑法的行為規範に違反することを極度に嫌いますが、行政法的行為規範への違反についてはそうでありません。後者には道徳性・倫理性がいっさい関与しないからです。そして結局、この点における相違が、刑法的行為規範および行政法的行為規範がそれぞれ備える罰則規定の軽重の差となって現れてくるのですが、最後にこの問題について考えてみることにしましょう。

この項の冒頭でも述べたとおり、刑法への違反には死刑、懲役、禁固、罰金といった刑罰（あるいは行政刑罰）が適用され、それに対応するスポーツルールである刑法的行為規範も、ボール支配権の剥奪という財産刑から、スポーツを行う自由そのものに制限を加える自由刑（とくに退場や除名）にいたるまでの、各種の罰則を備えています。一方、過料という金銭罰を備えるだけの秩序罰法に対応する行政法的行為規範の場合、それへの違反は重い罰の対象とはならず、せいぜいボール支配権の剥奪ぐらいで終わってしまいます。実例を挙げれば、バスケットボールで一人の選手が五回ファウルを犯すと退場を命じられますし、またチーム全体で同一クオーター内に四回ファウルを犯すと、次の五回目のファウルからは相手方に二個のフリースローが与えられます。このように刑法的行為規範への違反は重く罰せられますが、しかし行政法的行為規範への違反行為であるバイオレーションとなると、何度それを犯しても、それがもとで退場させられたり、あるいはゴール目がけてシュートをするフリースロー権を相手方に与えたりする材料とはなりません。世の中の秩序罰法がなぜ過料という比較的軽微な行政罰しか備えないのか、それはここでの関心事ではありませんが、スポーツにおける行政法的行為規範も、なぜそのようにして軽微な罰則しか備えないのかについては、ここで明らかにしておく必要があります。

行政法的行為規範の今ひとつの特徴は、選手は好むと好まざるとにかかわらずそれを犯してしまう、時と場合によってはそれを犯さざるを得ない、というところにあります。中身が形式的な命令から成ることから、この規範はもともと頻繁に犯されやすいルールとしてあるといえます。もちろん選手はそれを犯そうとして犯すのでなく、彼らにしてみればむしろ、気がついたら犯していた、といった場合の方が多いでしょう。スポーツ関係者にとり、この行政法的行為規範は犯されると困るというのではありません。犯されたままプレーがつづけられると困る、という性格のルールです。違反があっても、それだけで直ちにスポーツの《面白さ》が破壊されるわけではありません。違反行為が見過ごしにされ、結果としてそれが攻撃や防御のプレーの一環を構成して現実的な意味をもつにいたるとき、関係者のいう《面白さ》が保障されず、最終的には異質のスポーツへと姿を変えてしまう危険を生むのです。それゆえ、犯されれば犯されるたびに違反を画一強行的に摘発し、その違反行為が攻撃のために利用される一歩手前でその実行を停止させれば、スポーツそのものは実害も受けず、期待される《面白さ》が破壊されることもありません。

こうして行政法的行為規範への違反に審判が笛を吹くのは、実はその行為が無効であることを宣告し、その確認をしているのです。あらかじめ違反のあることが想定され、しかもその違反に際して道徳性といったものがほとんど関与しないこの無効の行為の実行は、相手選手に実害を及ぼすこともありません。またそれはゲーム中断という事態を招いてそれ自体の実効性を剥ぎ取られてしまうので、スポーツの展開様式に変質をもたらすこともありません。こうした無効行為を行うことが相手側のポイントとなるか、または単にゲームの中断を招くだけであるかは、個々のスポーツが備える行政法的行為規範もしくは次項で扱う組織規範が別に定めるところによります。そのいずれの場合においても、それが退場や警告といった、いわゆる《自由刑》に類する重い制裁の対象とされることは、無効行為に認められる右のような性格からして当然、あり得ないことです。

行政法的行為規範は、それ自体が二重の構造を備えています。関係者がよしとした競技の展開パターンに変質を加える恐れのある、結果として彼らが求める《面白さ》を破壊する恐れのある行為を無効と宣言し、それが発生した瞬間に競技を停止させ、当該行為からその実効性を剥ぎ取るための《中断規定》が一方にあり、この中断を解除するための手続きを定めた《再開規定》が他方にあります。この《再開規定》に違反することもまた無効の行為であり、それ自体が中断という事態を改めて招きますが、この場合にも同じ《再開規定》が適用され、改めてプレーの再開となることに変わりはありません。

いったんゲームが中断されると、選手が《再開規定》に定められた手続きの実行（たとえばバレーボールでのサービス、サッカーでのキック・オフ、フリーキック、スローインなど）に着手する瞬間まで、ほとんどの行政法的行為規範はその存在の意味を失い、執行を停止されてしまいます。ゲーム中断という事態により、《面白さの保障》との関連において定められた行政法的行為規範の形式が、まるで意味のないものと化してしまうからです。一方、条理的行為規範や刑法的行為規範はゲームが中断されてもなお実質的な意味をもって存在し、たとえばゲームの一時停止中やハーフ・タイム中に生じた暴力行為にはどのような形をもってするにせよ、一定の処罰が適用されるはずですし、またとくに条理的行為規範の方は競技を離れた選手の私生活上の行為までも規制し、それに違反があったとみなされれば制裁の加えられることがあります。こうしてインプレー中にはあれほど重要な意味を担って選手の行為を規制した行政法的行為規範は、それが命令する中身の形式性のゆえに、ひとたびゲームが中断したり終了したりするとあらゆる存在の意味を失ってしまい、どのようにも選手を拘束することがなくなってしまいます。ゲームセットになると、バスケットボールの選手はボールを手にして何歩、歩いてもよいし、バレーボールの選手はいくらネットに触れてもとがめられることがありません。ラグビーの選手は前方にいる同僚にボールをパスしてもよいことになります。

この規範の性格、つまり、それが規制しようとする中身の、それ自体として見た限りの形式性は、このように理解されるのでなくてはなりません。道徳性がいっさい関与しない形式的命令である行政法的行為規範は、実際の競技場面、それも個々のインプレー場面においてのみ、その存在の意味を主張し得るということです。

【4】……組織規範

組織規範も形式について定める行政法的なルールの一種ですが、ここにそれを独立させて扱うのはひとえに、それが行為規範としてのみならず、裁判規範としての性格をもたないという理由に基づいてのことです。法律の分野では、衆議院と参議院から成る国会の両院制について定めた憲法第四二条など、もっぱら公的機関の構成などを規定した法を、とくに組織規範と呼びます。ゲームが行われるコートの大きさや競技時間の長さを指定し、使用するボールやゴールの規格を定めるルールは、いずれもこの組織規範のスポーツ版ということができます。

組織規範が行為規範でないとは、それが一定の事柄について定義を下すだけで、選手には何らの命令も発していないということを意味しています。また裁判規範でないとは、それへの選手側の違反はあり得ないということを意味しています。組織規範に見られるこの二つの特性は、互いに論理的な整合性をもっていますｑ。そもそも何の命令も下していないルールに、選手は違反できるわけがないからです。コートやトラックといった競技の場の設定、それに競技時間の管理などは、ルールを承認した関係者集団を代表する権力体としての連盟（またはその委任を受けた審判団）が関係の組織規範に従って一方的に行う条件設定行為もしくは管理行為であり、そうしたことに競技者は原則として何らの関与もしない以上、それへの違反もあり得ません。たとえば審判の目を盗んで一〇〇メートル競走の自コースだけを一〇メートル縮めるとか、あるいは敵チームがシュートするバスケットの高さを少し高くしたり低くしたり、またサッカーで一方のチームだけが試合時間を一〇分多くとってゴールを決めるなどというのは、要するに冗談の部類に属する事柄であり、そのことをよく知っている漫画家たちは組織規範への違反という、現実には起り得ない違反を主人公の選手たちに強行させることでナンセンスな笑いを誘おうとします。

選手の直接あずかり知らないところで競技委員が設定する条件が組織規範にある規定と一致を見なかった場合、誰がその責任を負うかはここでの関心事でありません。ただ、その種の規定不満足はゲーム成立の基本的条件に瑕疵《かし》（欠陥）があったことを意味し、結果としての勝ち負け判定に正当性を求める根拠を欠くこととともなって、一般にはゲームそのものが無効とされてしまいます。たとえば陸上競技の特定種目では走者の背後から吹きつける追い風の速度が問題とされ、それが一定限度（二メートル）を越えると記録は未公認もしくは参考記録とされ、他の公認記録との公的な比較対象からはずされてしまいます。自然条件を定めた組織規範の規定が満たされなかったからであり、これはもちろん誰の責任というわけでもなく、そもそも裁判規範としての意味を組織規範がもたないことの、一つの証《あかし》とすることができます。

ゲームに決着をつける上で最重要の役割を果たす得点の数え方に関する組織規範も、選手に何かの命令を発することはしてはいません。バスケットボールではオリンピック・ロサンゼルス大会後の一九八五年から新たにスリーポイントラインが設定され、その後方からシュートを成功させると三点の得点が与えられるようになりました。このルールは選手に積極的なシュート行為を促すという効果を生みましたが、ルールそれ自体は得点の数え方に関する定義をしているだけであって、とくにスリーポイント・ショットを打てとか、打つなとかいう命令を選手にしていません。したがって、それへの選手側の違反もあり得ず、またその適用（つまり三点の加算）に当たっては審判といえども、主観的な裁量や恣意を介入させることはできません。

こうして組織規範は次のように定義づけることができます。

《組織規範とは、競技における勝敗や優劣を決定する上に直接必要とされる条件設定の方法や、ゲーム展開時における一定事態の発生につづく事後措置のとり方に関し、一定の定義を下すルールのことをいう。ゲームに決着をつける上で不可欠となるこの規範は、選手や審判を含めた関係者の主観や裁量を超えたところで、いわば自動的もしくは機械的な形でその適用がなされる》。

　スリーポイントラインの後方からショットを成功させると三点というルールは、定義をするだけでありながら、ある行為を選手に促す効果をもっている組織規範です。同様に、結果として《面白さの保障》につながる組織規範の特殊な例として、次のものを見ておくことにしましょう。

　私が高校生のころ、ハンドボールはサッカーと同じ広さのコートを用いて、一チーム一一人で戦われていました。今日では七人制が採用されていますが、これは組織規範に大改定が施されたことを意味しています。バスケットボールと同様、速攻が極めて重要な戦術としてあるハンドボールでは、いったんボールの支配権を失って守備側に回ったチームは、速やかに自陣のゴール近くまで後退をしなければなりません。加えて、広いコートの中盤区域でボール支配権を奪い返すのはまず不可能なことから、そこでの攻防シーンはほとんど見られませんでした。このスポーツは七人制へと移行することで、《面白さ》の見られない中盤コートそのものを、あっさり切り捨ててしまったというわけです。

　もう一つ、階級制を定めた組織規範にも興味深いものがあります。

　ゴルフのハンディキャップ規定は、階級制にかかわる組織規範の一種と考えることができます。実力のかけ離れた者どうしが集まってゴルフをしようとするとき、最初から勝てないと分かっている人たちには参加する意欲もなかなか湧いてきません。ハンディキャップをつけ、実力の劣った人にも勝てるチャンスを保障すれば、また上級者も全力でプレーをする必要に迫られ、競技への関心は保たれます。

ゴルフのプロとはハンディキャップがゼロの選手ですが、しかしプロであればどのスポーツでもハンディなしの戦いをするかといえば、そうでもありません。大相撲では番付による階級制が敷かれ、序ノ口から幕内まで、それぞれの階級の枠内で取組みが進められます。これは最初から勝敗の分かり切った面白みのない対戦をさせないための工夫であり、同じことは体重制やライセンス制（何回戦ボーイとか呼ばれるもの）を採用しているボクシングについてもいえます。このスポーツで軽量選手が重量選手を制するのは、少年マンガの世界における出来事以外に考えられませんが、かといってゴルフのハンディキャップのような概念は、具体的にどのような形においてであれルール化することができません。組織規範により細かな階級制を導入して、体力と技術がかけ離れた者どうしをあらかじめ対戦させないようにすることで、一つにはやはり《面白さ》を保障しているわけです。

階級制に関する興味深い例を、最後にもう一つ挙げておきましょう。

二〇〇一年に愛知県の大学野球で、一部リーグ所属六チーム中の四チームと、二部リーグ所属の一チームが、ある事情によって連盟から、四部リーグへの降格を命じられたことがありました。その年の春季大会はこの五チームの間で争われたのですが、秋季大会から新たにA大学の野球部が四部リーグに加盟することを許され、このA大学チームは右の格上の五チームとの間で、都合十試合のリーグ戦を戦いました。その結果、Aチームが失った点の合計は実に二一七八点、奪った得点はわずかに二一点、という惨憺たる結果に終わりました（最大の得点差試合は五三対〇）。緊迫した投手戦の場合は別として、凡打ばかりを重ねて点の入らない野球ゲームはつまらないものですが、一試合平均にして三〇点近くが入る大味で一方的なゲームというのも、また興醒めです。それに加えて、これだけ実力のかけ離れたチームどうしが硬式球を用いて野球をするのは極めて危険なことでもあり、関係の大学野球連盟はその辺りのことをどう考えていたのか、理解に苦しむところです。実力の拮抗したチームや選手どうしを戦わせるリーグ制やシード制という大会運営システムはどのスポーツも採用しているところですが、右の大学野球の例からも、そのような階級制的な定めをする組織規範が《面白さの保障》という見地から、一定の現実的な意味を担って存在していることがよく理解できます。

第3章 スポーツルールに見る「形式」の問題

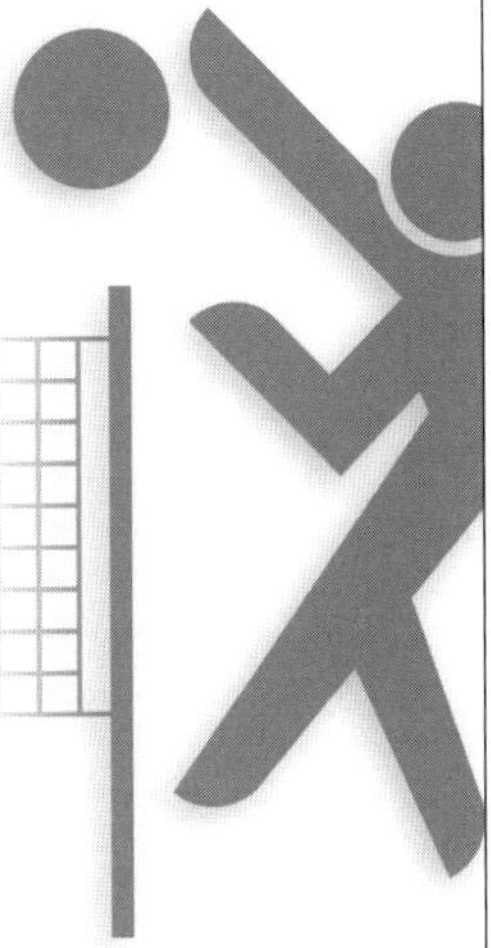

この章では、前章で展開したルール構造論を補完する目的から、行政法的行為規範と組織規範が規定する「形式」について、とくに《面白さの保障》という観点からその意味するところを見ていくことにします。

すでに述べたように、ルール体系を形づくる構造要素のうち、条理的行為規範と刑法的行為規範を合わせて、「マナーを律するルール」と総称することができます。一方、行政法的行為規範については、それが選手に強要する形式の意味、すなわちその形式にどういう存在理由が認められるかに基づいて、さらに三つのものに分けることができます。それらに、特定の事柄に関して定義を下しているだけの組織規範を加えて、一覧表にまとめたのが表3です。これによってルールがなぜ、何のためにあるかの全体像がおのずと理解されるでしょうし、また多様な外見を呈する各種のスポーツをどのように分類するかの問題についても、個々の種目が備える一セットの競技規則のなかで、それぞれの規範が占める割合や比重から考えていくことができるでしょう。

またこれは是非とも述べておく必要があると思いますが、数あるスポーツのなかで唯一、バスケットボールだけが反則を、それがマナーにかかわるものか、形式にかかわるものかによって、ファウルとバイオレーションの二種類に分けています。このことは、構造的な位置づけを異にする条理的および刑法的行為規範と、行政法的行為規範とが、バスケットボールでは正しく区別して扱われてきたことを意味しており、それはこのスポーツの管理者がルールの存在理由に関する認識をきちんと心得ていたことを示すものでもあって、一定の敬意を評さずにはいられません。

このバスケットボールに固有の用語法を反映させると、前章で示したルール構造図（図1）は、図2のように書き変えることができます。また左に掲げた表3の、とくに行政法的行為規範にかかわる形式の意味に着目しますと、図3が出来上がります。行政法的行為規範とはそのすべてが形式にかかわる命令ですが、この論理図では、その形式の意味を特定できる促進ルールとオフサイドルールを、とくに強調する形で配してあります。この二つのルール構造図は、どのスポーツにも適用することが可能です。別の言葉でいえば、ファウルとバイオレーションという明快にして的確な用語法はバスケットボール以外のスポーツにも使用が可能であり、また促進ルールやオフサイドルールは決して卓球やサッカーだけに固有のものでなく、どのスポーツも一般に備えているということです。

形式についての定めをするスポーツルールにはもう一つ、組織規範という重要なものがあります。

表3　スポーツルールの 構造と要素

条理的行為規範	マナーを律するルール
刑法的行為規範	
行政法的行為規範	攻撃を強要するルール（促進ルール）
	プレー可能な空間を指定するルール（オフサイドルール）
	プレーの形式を強要するルール（形式のルール）
組織規範	形式の定義をするルール

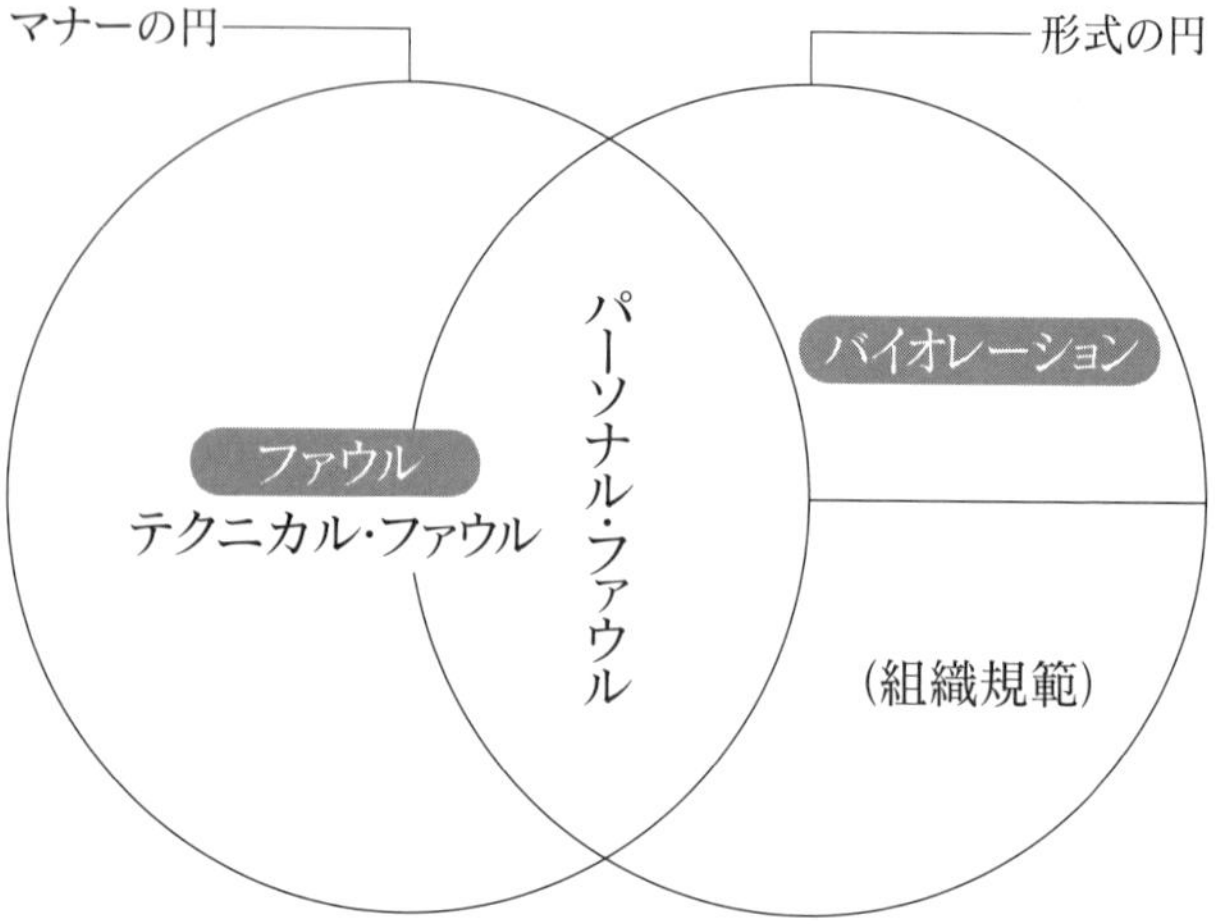

図2　スポーツルールの構造――バスケットボールの用語法から

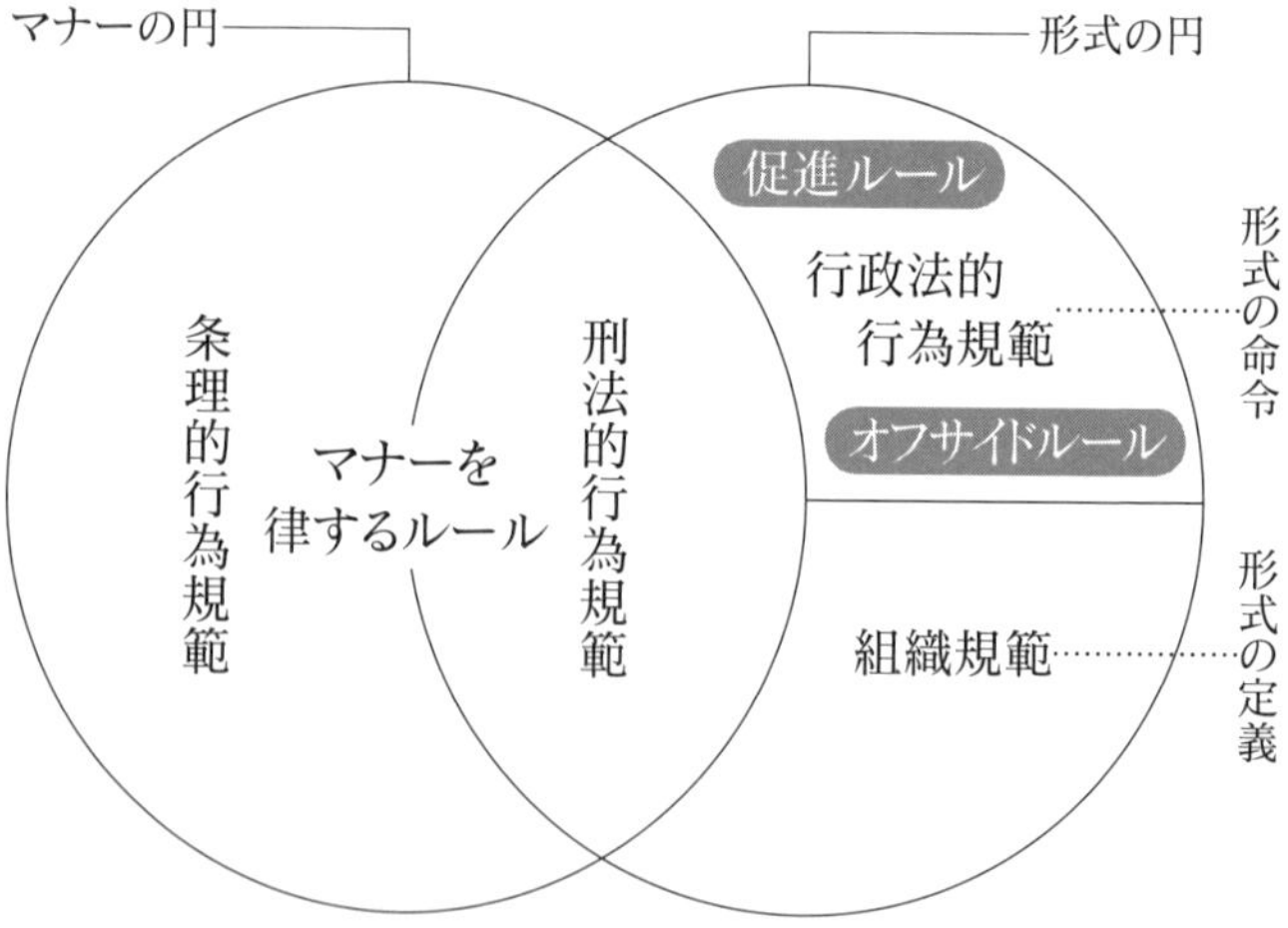

図3　スポーツルールの構造――ルールの存在理由から

定義をするだけでいっさいの命令を下さない、それゆえ選手に違反ができないところに大きな特徴をもつ一群のルールのことですが、なぜかこれまで、スポーツ論やルール論においてはまったく見過ごしにされてきました。この章では、とくに野球型スポーツが備える組織規範を例に取り上げ、その性格を検討していくことにします。ほかのスポーツとちがい、野球型スポーツでは行為規範でなくこの組織規範が、ゲームの進行に中心的な役割を担って存在しているからです。

この野球はまたアピールという、ほかのスポーツには見られない極めて特異で興味深いルールを備えています。これも組織規範の一つですが、特異なルールであるだけに、これまで野球の専門解説書においてもアピール・ルールの中身だけが問題とされ、「なぜ」このルールが存在するかの理由については、少なくとも私の知る限り、まったく触れられることがありませんでした。さらにその理解をめぐっては国語辞典においても若干の混乱がうかがえ、それはある意味で野球のみならずスポーツそのものの根幹にかかわる問題を投げかけるものでもあり、本章で然るべき整理をしておきたいと考えています。

すでに繰り返し述べてきたように、この章で問題として取り上げる「形式」は、《そうであってもなくてもよい》という性格をもっています。その形式を正当化するのはただ一つ、それによって《面白さ》が保障されるとする関係者の主観的な判断だけです。もちろん関係者によって支持された形式が、いつまでもそのままの形で存在しつづけるという保証はありません。スポーツ選手というのは、ここにいう形式の命令や定義に抵触することなく、新しい有利な技術や戦術を編み出そうとして日夜、絶えず努力を重ねるものです。選手の考案になるそうした新技法がいかに適法のものであっても、それによって《面白さ》が破壊されると関係者がみなせば、ここに新たな主観的判断が介入し、また新たな形式が導入されることになります。このようにルールと技術は往々にして《いたちごっこ》のような関係に陥るもので、ルール管理者は現行の形式がなお存在の意味をもって有効に機能しているかどうか、《面白さの保障》という観点から絶えず監視をしていく必要に迫られます。そして一つにはこの《いたちごっこ》をどう解消してきたかという過程こそ、スポーツそのものの変遷を物語る歴史であるということができるのです。

1 形式を強要するルール

【1】……促進ルール——攻撃の強要

ⓐ 本来の促進ルール

促進ルールとはもともと、卓球のルール制定者によって考え出された名称です。ルールの存在理由を織り込んだすばらしいネーミングであり、そう呼ばれはしないものの、これと同じ種類のルールは、どのスポーツも備えているところです。

卓球やバレーボール、あるいはテニスやバドミントンといったネットを挟んでするスポーツでは、ラリーがつづかなくては面白くありません。とくに近年のバレーボールにおける一連のルール改定は、ますます強くなるスパイク力との関係において、いかにラリーを長くつづかせるかをめぐって関係者が腐心に腐心を重ねた結果の対応措置ということができます。ただ、いくらラリーがつづくのがよいといってもそれは程度問題であり、いつまでたっても均衡が破れず勝負に決着がつかないというのでは、ゲーム運営にきたす支障もさることながら、結局はスポーツから《面白さ》が取り去られてしまいます。とくに卓球の場合、一定以上の技術力を備えた選手どうしが打ち合いをするとき、彼らはその気になればいつまでも、延々とラリーをつづけることができます。ラリーをつづけて相手が疲れるのを待つやり方はとくにカット戦法と呼ばれますが、対戦する二選手がこの戦法を採用するといつまでたってもゲームに決着がつかず、実際にそうした長時間の卓球ゲームの例は過去に数多く見られました。

たとえば一九三五年にあった国際試合では、たった一ポイントを取り合うのに実に二〇分、合計一五九〇回の打ち合いを繰り返したといいます。一九三六年になるとさらにラリーが持久戦法として悪用されるようになり、ある卓球専門家の解説によると、ある国のチームは「活気もなく、ただたんに敵失を待つ戦法にでて」勝利を得るかと思えば、別のチームの選手は「実に二時間一〇分という驚くべき時間を粘りとおし（……）また他のトーナメントでは二一ポイントのゲームに七時間もかけたという馬鹿げた記録も残っており、イギリスでもこの進取のない、いまわしいプレイが流行するに至った」といわれます。同じ解説者は日本における長時間ゲームの例として一九三三年にあった、東郷健勝旗争奪戦・中学の部のゲームを挙げ、「双方ともカット主戦の選手だけに、打った方が負けというところから徹頭徹尾粘りあい、午後六時に開始したゲームは神田のＹＷＣＡの閉館門限の九時になっても勝敗がつかず、ゲームをそのまま京橋の東京卓球研究所に移して続行し（……）終了したのは午前二時」であったと書いています（『スポーツの技術史』にある井坂玄太郎氏の解説）。こうなるともはや笑い話の段階を通り越し、する者にとっても観る者にとっても《面白さ》どころか、「馬鹿げた」「いまわしい」「実に退屈極まりない」苦役へと卓球が化してしまいます。そのため「卓球は一時〝死の競技〟とまでいわれ（……）このままの状態が続いたら、いつかは社会から見放されるおそれがあった」ほどでした。こうして日本卓球協会は翌年の一九三四年からまず一試合の制限時間を一時間と定め、さらに戦後の一九五三年には「促進ルール」と呼ばれるルールを採用し、それからは「昔のような長時間試合はまったく姿を消すようになった」といわれます。

つい最近まで、一ゲームが一五分を過ぎても終了しなければ促進ルールが適用されましたが、現行のルールではさらに制限時間が短縮され、一〇分が経過すると同ルールのもとに試合が行われるようになっています。促進ルールが適用されると、レシーブ側が最高一三回の正しい返球を行えば、自動的にサービス側の失点となります。試合に勝とうと思えば積極的に攻めるしかなく、とくにサービス側の選手にすればそうするよりほか、ポイントを得る道はなくなります。もちろんこのルールではサービスは一本ごとに交替しますので、公平さの原則は貫かれることになります。

レシーブ側が一三回の返球をした時点でサービス側がポイントを失うという規定そのものは、それに選手が違反できないことを考えれば一見、組織規範のようにも見えますが、その前段階にうかがわれる、一三回の往復ラリーが終わるまでに決着をつけよと選手に命じるルール制定者の意図を考えると、三回以内のタッチで返球せよと命じるバレーボールのルールと同様、行政法的行為規範の一種として位置づけることができます。もっとも、この促進ルールは一定以上の返球技術を備えた選手集団においてはじめて意味をもつルールであり、後のオフサイドルールの項で例示するゴール・テンディングという名のバイオレーション（バスケットボール）と同様、一般の人たちが行う卓球ゲームでは一〇分も経ないうちに勝負がついてしまって、それが適用されるところまではおそらくいかないでしょう。すなわちここでも《ルールは技術を前提とする》ということがいえるのです。

ⓑ　バスケットボールの促進ルール

バスケットボールにも、促進ルールと呼ばれておかしくない行政法的行為規範がいくつか存在します。とくに五秒ルール、八秒ルール、二四秒ルール、バックパス・バイオレーションがその例です。これらは通常、ストーリング（時間稼ぎ）を防止するためのルール、つまり得点で先行するチームがボールの保持時間を意図的に長くし、ただ単に試合時間の経過を待つだけという消極的行為をさせないためのルールだと説明されてきましたが、本書ではもっと積極的に、攻撃を強要するための促進ルールとしてそれを捉えようというわけです。

八秒ルールとは、守るべきゴールがあるバックコートでボールを支配したときから八秒以内に、そのボールをフロントコートまで運べ、と命じるルールです。いったん、そうしてボールがフロントコートまで運ばれると、それを再びバックコートに戻すなと命じるのがバックパス・バイオレーションです。そしてどの場所でボールの支配権を得たとしても、得たときから二四秒以内に必ずシュートを試みよと命じているのが二四秒ルールです。安易な《勝ち逃げ》を許さず、そうした《悪意》に基づく行為から実効性を剥ぎ取り、結果としてシュートにつながる積極的な攻撃場面を強制的につくりだし、ゲームに極力《面白さ》を生み出そうとするところに、これらルールの存在理由を見ることができます。ちなみに八秒ルールはつい最近まで一〇秒ルール、二四秒ルールは三〇秒ルールと呼ばれていました。それだけバイオレーション成立までの時間が短くなり、以前にもまして攻撃を強要する圧力が増したというわけです。

バスケットボールでは攻守が入れ替わった瞬間、防御側は敵の攻撃、とくに速攻を避けるために、守るべきゴールの近くまで全員がいち早く戻ってディフェンスの体勢を整えなくてはなりません。その結果、このスポーツでは通常、攻める側はバックコート上だけでなく、コートの中央エリアにおいてさえ、ほとんどフリーに近い状態でボールを支配できることになります。それゆえ敵選手のいないバックコートからボールをフロントコートに運ばせない限り本格的な攻防シーンは見られないことになり、これと同じ理由から、敵のいないバックコートへボールを戻すことは意味のない行為、つまりは《面白さ》を破壊する無駄な行為として阻止されなければなりません。こうしてまず八秒ルールでボールを速やかにフロントコートに移動させ、バックパス・バイオレーションによってそこにボールを留まらせておき、さらに二四秒ルールによる追い打ちをかけ、最終の攻撃であるシュートを打て、と迫るわけです。つまり、バスケットボールというスポーツでは常に攻撃が敏速かつ積極的に行われるよう、複数の促進ルールがセットになって仕組まれているということになります。

ⓒ　その他の促進ルール

近年、サッカーでもルールが改定され、味方からパスを受けたゴールキーパーは、ペナルティ・エリア内であってもボールを手で扱えなくなりました。攻め手を欠いたチーム、時間稼ぎをしたいチーム、窮地に陥ったチームがとる消極的な《逃げ》の作戦を防ぐために、ゴールキーパーに認められた特権の一部を剥奪する措置です。以前からゴールキーパーへのバックパスがあるたびに観客席からブーイングが浴びせられたものですが、それはもちろん、「面白くないぞ」という意思表示にほかなりません。逃げを許さず、間接的ながら攻撃を強要するこのバックパス・ルールを新たに採用することで、サッカー関係者は観る側のそうした不満に応えたというわけです。

ハンドボールではバスケットボールとちがって秒数こそ数えませんが、シュートにつながる積極的な攻撃をする意志が選手にないと審判が判断したとき、パッシブプレーとして、相手チームにフリースローの権利を与えます。またこのスポーツでは、サッカーのように相手選手にボールをぶつけて行うことも含めて、故意にボールをコートの外に出すことが許されません。消極的な時間稼ぎの逃げを許さない、これも一種の促進ルールだということができます。

このほか、柔道では技をかける積極的な攻めに徹しないでいると「注意」や「指導」を受け、相手側にポイントが与えられて負けを喫してしまいます。とくに柔道ルールの国際規定では一九九〇年に警告的な意味合いをもつ「教育的指導」が削除され、「積極的戦意」を欠くと判断された場合は最初から「指導」が与えられるようになりました。体重で勝る選手がじっと動かずにいて勝利を手にする場面が過去には多々見られましたが、「よりダイナミックに、よりアクティブに」を標語に掲げて積極的な攻撃を強要するようになった結果、柔道の試合は従来よりもその試合の《面白さ》が倍加したように思われます。相手に背中を見せて逃げ回ることを許さない相撲やボクシングやレスリングも、同じ範疇に属する促進ルールを備えていることになります。

また一般にどのスポーツも、選手がぐずぐずしてゲームを速やかにインプレーの状態に置かないことを嫌い、多くの球技はバレーボールでいうディレーイング（遅延）行為の禁止規定に似たルールを備えています。器械体操や陸上競技のフィールド種目でも何分以内に演技や試技をはじめよというルールがありますし、また陸上競技や水泳におけるスタート時のフライング規定は、できるだけスムーズな競技運営に協力しなさいと選手に促している命令です。とくに陸上競技では近年、関係のルールが改定され、これまでは同じ選手が二回フライングをすると失格であったものが、現行では一回目に誰がフライングをしたかに関係なく、二回目のスタートでフライングをした選手が失格となります。水泳の場合はもっと厳しく、フライングがあってもスタートのやり直しはありません。そのまま競技はインプレーとなるので、フライングを犯した選手は失格したまま、泳ぎをつづけることになります。こうした促進ルールの厳格化は、やはり一つには《面白さの保障》を意識したものと考えられます。

もちろん、あまり守られることのない促進ルールもあります。とくに野球の二〇秒ルールがそれで、『公認野球規則』によれば「塁に走者がいないとき、投手はボールを受けた後二〇秒以内に打者に投球しなければならない」のですが、それに違反があっても、罰として球審が「ボールを宣告する」ことはほとんどありません。加えて、投球が終わるたびに打者がいちいち打席を外していろんな仕草をすることもあり、それやこれやで日本のプロ野球はゲーム終了までにたいへん長い時間を要することがあります。《面白さの保障》という観点からも、野球関係者はもう少し促進ルールの適用に注意を払う必要があるように思われます。

【2】……オフサイドルール——プレー可能な空間の指定

ⓐ　オフサイドというルール

オフサイドはむずかしいルールだといわれます。

サッカーのプロリーグが発足して日本人の多くがこのスポーツに親しむようになるまで、たしかに専門のルール解説者の間でも、ともすればこのオフサイドルールはサッカーだけに固有の、それもどことなく神秘性を漂わせた特殊なルールであるかのように扱われる節がありました。それはオフサイドが《そうであってもなくてもよい形式》を定めたバイオレーション系統のルールであり、サッカーにあまり慣れ親しんでいない人たちからすれば、何の問題もないはずの場面で突然、「なぜ」笛が吹かれて攻撃側からボールの支配権が奪われてしまうのか、容易にその理解がつかないという事情を反映してのことであったと思われます。相手方に具体的な被害をもたらすファウルとちがって、私たちの普通の常識から類推することのむずかしい形式をその中身としているからです。それに加えて、オフサイドという用語が日本人に即座に意味の通じないカタカナ外来語であることも、何となく異質で理解のむずかしげなルールという印象を人びとに与えてきたのかも知れません。ちなみにフランスでは、オフサイドでなく英語のボール・デッド（ゲーム停止）に当たるオール・ジュー（hors jeu　ボールがラインの外に出てしまったときもオール・ジューといいます）という単純明快な用語が用いられ、それによって、少なくとも言葉がもたらす無用の混乱はフランス人の間では回避されています。いずれにせよ、オフサイドであるかどうかの判定には常にむずかしさが伴われますが、オフサイドルールそれ自体は極めて合理的な性格のもので、容易にその意味の理解が図られるはずです。

仮にこのルールがなければ相手ゴール近くにフォワードの選手を常駐させておけばよく、そうした行為を、不当に有利に事を運ぶ非紳士的な待ち伏せ戦法と見るルール解説者もいることはいます。しかし、オフサイドルールがないところでは、双方のチームが「待ち伏せ戦法」をとることが許されるのですから不当さと有利さは相殺され、結局は平等・公平ということになってしまい、現にフットサルというミニ・サッカーは、オフサイドルールなしでやっています。狭いコートで行われるため、そもそもオフサイドの監視がむずかしいフットサルですが、それを許しても《面白さ》は保障されるのです。プレー可能な空間を指定するこのオフサイドルールはそれゆえマナーでなく、一つにはコートの大きさに対応したプレーの形式について取り決めをしたルールであることが分かります。それがマナーとかかわりをもたないことは、オフサイドを犯した選手にイエローカードやレッドカードを与えようといった発想が私たちの頭に浮かばないことからも、よく理解できると思います。

サッカーとは逆に、しかし同じ《面白さの保障》という観点から、このオフサイドルールを廃止してしまったスポーツもあります。ハンドボールがそれで、このスポーツでは一一人制時代の一九五〇年にオフサイドラインが廃止され、それまではこのラインを越えて敵ゴール近くに位置する味方に直接パスすることが禁止され、攻撃側選手は自分でボールをドリブルして、そこを通過しなくてはなりませんでした。このオフサイドラインの撤廃はそれまでよりもハンドボールをいっそうスピード感に溢れるものに変えたのですが、一九五四年にはさらにもう一つのオフサイドルールが改定され、攻撃側選手がジャンプシュートを試みた際、ボールが手から離れていれば直接ゴールエリア内（キーパーが位置する半円形の区域）に踏み入ってもよいことになりました。現在の七人制ハンドボールでも踏襲されているこうしたオフサイドルールの改定によって、このスポーツの《面白さ》が倍加したと、多くの専門家がこぞって評価しています。プレー可能な空間を、《面白さ》との関係において指定するオフサイドルールは、そうした名前で呼ばれるかどうかは別として、基本的にどのスポーツも備えているということです。

ⓑ　サッカーのオフサイド

ここでもう一度、サッカーのオフサイドルールについて簡単に復習しておきましょう。

このスポーツではバレーボールのようなネットスポーツとちがって、選手は基本的にコート内のどこにでも立ち入ることができます。バレーボールの場合、ネットやセンターラインが前もって境界として定められ、それを基準にしてプレーしてはならない区域、立ち入ったり手を出したりしてはいけない区域、つまりはオフサイドゾーンがあらかじめ固定的に設定されているのですが、サッカーではそうでなく、選手は原則としてどの場所に位置することも可能です。しかしバレーボールと同様、プレーしてはならない区域というものはあり、それがサッカーではあらかじめ固定的に設定されず、ボールと選手との、時どきの位置関係によって変わってくるということです。このように考えれば、プレーが禁じられる制限区域の定義に《固定的》と《非固定的》のちがいはあるとはいえ、オフサイドという考え方そのものは、バレーボールにもサッカーにも共通して存在するということができます。野球のファウルゾーンはある状況下で攻撃が無効となるオフサイド空間であり、また相撲にしても、土俵の外を固定化されたオフサイドゾーンとみなすことができます。

ここで改めて整理をして提示しますと、サッカーのオフサイドとは、ゴールキック、コーナーキック、スローインのボールを直接受ける場合を除いて、選手が次の三条件を合わせて満たしたときに成立する反則です。

①敵陣内でボールより前方に位置すること。

②ゴールキーパーを含めて、その選手とゴールとの間に相手選手が二人以上いないこと。

③その選手が積極的にプレーにかかわって何らかの利益を得ること。

つまり、選手がオフサイドの空間に位置すること自体は許されますが、そこにいてプレーに加わったり、相手選手のプレーに影響を与えるような動きをすることが反則となるわけです。こうして大まかにこのルールが命じるところを要約すれば、敵陣において後方からパスをもらってプレーをする選手は、必ず以遠に相手選手が二人以上いるところでそれを行え、ということです。そうでなくてはサッカーが面白くなくなると、関係者が主観的に判断した結果です。もちろん攻撃側選手が守備側選手を一対一のプレーで抜き去ったあと、ゴールまでキーパー一人しか数えなくても、さらにはそこに誰もいなくても、彼は攻めて行って構いません。オフサイド＝待ち伏せ論の伝でいけば、これなどはさしずめ、押し込み強盗か空き巣狙いの名に値するものでしょうが、それでも許されます。それによってサッカーの《面白さ》が何も破壊されないからです。二人以上を相手とせよというのは何らかの道徳的な意味合いからの要請でなく、簡単に点が入っては面白くないという判断のもとに定められた形式上の取り決めであり、《面白さ》が破壊されない限り、二人以上を相手とする、しないは問題となりません。

どのスポーツでも、容易に得点できるケースが頻繁に見られるようになると、ルール上の手直しをして攻撃と防御のバランスを図ろうとします。サッカーのオフサイドはそうした意図のもとに定められた、まさにひとつの形式を命じるルールだということができます。

ⓒ　ラグビーのオフサイド

一般にラグビー競技でいうオフサイドゾーンとは、攻撃側から見てボールより以遠にある区域すべてを指します。この場合、ゴールとの間に敵の選手が何人以上いなければならないといったことはなく、攻撃側の選手がボールよりも前方に位置することがそのまま、オフサイド・ポジションにいることになります。サッカーと同様、このスポーツでも一瞬のうちに攻守が入れ替わるので、選手はみずからの意志に反してオフサイドゾーンに位置してしまうことが頻繁にあり、そうした選手がボールより後方の区域に戻るまで、いちいちゲームを中断して待っているというわけにもいきません。それゆえ、オフサイドゾーンに位置すること自体は選手の自由として放置するが、彼がそこにいてプレーに参加する権利は認めない、というのが、ここで問題とするオフサイドルールの中身です。ラグビーの競技規則はこの一般的なオフサイドのほかに、モール、ラック、スクラムといった密集状態や、ラインアウトにおけるオフサイド規定を細々と定めていますが、それらすべてをひっくるめて概略的にいうと、ボールのある位置を攻撃上の最前線と定め、それを保持する選手と、それより後方に位置する選手によってのみ攻撃が加えられるよう常に仕向けているのが、このスポーツでいうオフサイドルールだということになります。

それでは、ラグビーでは「なぜ」そうした攻撃のみがよしとされるのでしょうか。あるいは「なぜ」ボールを前方にいる選手に投げてはいけないのでしょうか。

この場合ももちろん、これまでよくいわれてきたように、ボールの前方でプレーすることが不公正で、ジェントルマンシップに反したマナー違反である、というのではありません。仮にそうした議論が可能であれば、同じイギリス人によってその近代ルールが定められたサッカーにおいて、前方に位置する味方選手にボールを縦パスでつなぐといった行為は、何をおいても禁止されていてよいはずです。ラグビーではサッカーとちがい、ボールを手で扱うことができます。しかもハンドボールやバスケットボールとちがって、選手はボールを手に持って何歩でも移動することができます。そうした条件のなかで戦われるラグビーでは、ボールより前方でのプレーを禁止するルールがなければいとも容易に得点が入ってしまい、このスポーツは結局、まったく面白みのないものになってしまいます。オフサイドルールがラグビーにあるのは、そうした理由に基づいてのことです。

ちなみにアメリカンフットボールでは縦パス、つまりラグビーでいうスローフォワードが許され、ボールより前方に位置する選手にそれを投げ送ることも可能です。これは英国式のジェントルマンシップなどわきまえないヤンキーたちの考え出したスポーツだから、というのではもちろんありません。ボールを持たない選手へのタックルも許されることから縦パスを成功させることはむずかしく、そうした試みは却ってこのスポーツに《面白さ》をもたらすものだからです。

ⓓ　バスケットボールのオフサイド――ゴール・テンディングと三秒ルール

日本人のほとんど誰もが一度は学校で体験するバスケットボールとバレーボールは、十九世紀の末、厳冬期に体育館でも行える身体接触の少ない球技を考案して欲しいという父母たちの要望に応えて、ネイスミスとモーガンという二人の北米ＹＭＣＡの体育指導者がそれぞれ、思案に思案を重ねてつくりだしたものです。この二つのスポーツは考案者の名前のほかに、それらがいつ、どこでつくられたかの時代や場所まで特定できる点において、ほかの自然発生的なスポーツと性格を異にしていますが、バスケットボールの場合はなおそれに加えて、シュートが放たれるゴールが選手の頭上に設けられているということでも、ほかのスポーツには見られないルール上の大きな特異点を有しています。バスケットボールとはそういうものであると、このゴール設定に関する組織規範を小さいころから教えられて知っている私たちにすれば何の変哲もないことのようですが、しかし考案者であるネイスミスがその着想を得てから実際の形にするまで、さまざまな試行錯誤を繰り返したであろうことが想像されます。

現行のルールではバスケットボールのリングは、床から三メートル五センチの高さに設けられています。このリングに向かってシュートが放たれるのですが、あまり容易にそれが成功することのないよう、と同時に、あまり容易にそれが阻止されることのないよう、今日のバスケットボールは二種類のオフサイドルールを設けています。それがこの項で検討するゴール・テンディングと、三秒ルールです。

バスケットボールの公式『競技規則』によれば、ゴール・テンディングとは「ショットのボールが落ち始めてからボール全体がリングより高いところにある間に、どちらかのチームのプレイヤーがそのボールに触れる」ことをいいます。つまり、シュートされたボールが軌跡上の最高点に達してからある事態にいたるまで、具体的にはリングに当たる、バスケットに入る、バスケットに入らないことが明らかになるまで、そのボールは強制的にニュートラルの状態に置かれ、誰もそれに手出しはするな、と選手に命じているのがゴール・テンディングです。この命令には、いずれのチームの選手も従わなくてはなりません。それは攻撃側もしくは防御側の利益保護を直接の目的としたものでなく、《面白さの保障》という観点から、バスケットボール全体の利益を保護するためのルールであるということができます。

このゴール・テンディングは、もう一つのオフサイドルールである三秒ルールと補完し合う形で《面白さの保障》に貢献しています。バスケットの真下に設けられたフリースローレーンは別名、制限区域とも呼ばれます。何を制限しているかといえば、その区域に攻撃側の選手が留まっていられる時間（三秒）です。シュートが放たれるゴールが頭上に設けられているバスケットボールでは選手の長身化は避けられず、二メートルを優に越える選手がずっとゴール下に陣取ってボールを処理することになれば、このスポーツは最終的に技術でなく、身長差を競うものとなってしまいます。三秒ルールは時限的な性格のオフサイドルールであり、これもやはり、あまり容易に点が入っては面白くないという政策的意図から定められた形式のルールです。

選手の長身化がもとで生じる不都合を解消するために組織規範に手直しを加え、たとえばバスケットの位置をもう少し高くするのも一策のように思われます。しかしこのスポーツの管理者はそうしたやり方をよしとせず、ゴール・テンディングと三秒ルールというオフサイドルールをもって選手の長身化に対処する道を選びました。もちろんその判断に誤りはなく、いま以上にバスケットの位置を高くすればこのスポーツは運動会でする玉入れゲームのようなものになってしまい、おそらくはディフェンスが成り立たなくなるなどして、却って《面白さ》が取り去られてしまうでしょう。

つい最近まで、このゴール・テンディングは日本では、バスケット・インターフェアと呼ばれていました。バスケット・インターフェアとはバスケットに悪さをするといった意味合いの言葉ですが、たしかにネイスミスの時代、バスケットには桃を入れる木製の篭が用いられ、実際にそれを揺り動かすといった悪さをして相手シュートの成功を阻むことができました。それゆえ十九世紀に「ネイスミスの十三ヵ条ルール」によってバスケットボールがはじめられたときも、ネイスミスはその第八条（ただし、この条文の英語は全体的に曖昧で、その正確な理解は困難です）で守備側にバスケット・インターフェアを禁止し、それが原因でゴールが成功しなかったときはゴールとみなすとしています。

今日では篭に代わって糸製のネットが、バックボードに固定されたリングに結わえられています。このリングは容易に動かせるものでなく、したがってバスケット・インターフェアというルール名はずっと、それが規制する行為そのものをうまく表現したものではありませんでした。これが近年、ゴール・テンディングに名を変えた理由だとも思われますが、しかし英語圏の人はそれでよいとして、これもオフサイドと同様、普通の日本人には即座に意味を理解することがむずかしいカタカナ英語です。右にも述べたとおり、頂点に達してから落ちてくるシュートボールは攻撃側も防御側も手が出せないニュートラルの状態に置かれるのですから、私はこのバイオレーションを、ニュートラル・インターフェアと呼ぶのが適当だと考えています。ただし、このニュートラルボールに手が出せるのは、一定以上の身長を備えた人たちだけに限られます。身長は技術ではありませんが、それが可能とするジャンプの高さを考えるとき、このゴール・テンディングも卓球の促進ルールと同様、私たち一般の人間には関係のないルールです。すなわち、ここでも《ルールは技術を前提とする》ということがいえるのです。

【3】……その他の形式を指示するルール

ⓐ 純然たる形式を強要するルール

道路交通法が定める車輌の左側通行義務と非常によく似たスポーツのルールに、野球における走者の左回り（時計と反対回り）進塁義務があります。私たち日本人の間でそういうことはないでしょうが、野球をよく知らない人たちからすればルールブックを読むなどしない限り、打者走者は一塁から回ってよいのか三塁から回ってよいのか、進塁の「形式」について容易にその判断はつきません。私は大学でよく中国人の留学生を交えてソフトボールの交歓試合をすることがありますが、本国で野球型スポーツをまったく経験したことのない彼らを見ていて、いつもそうしたことを強く感じます。

この左回り進塁義務については、促進ルールやオフサイドルールのように形式の意味を特定することができず、要するにそう決められたからそうなっている、としかいいようがありません。つまりは純然たる形式を強要するルールであり、たとえば塁に走者がいないとき、打者の時どきの判断にまかせて、ボールを打った彼が一塁に向かって走ろうが三塁に向かって走ろうが、それでもって何らかの不都合が生じるとは思えません。極端ないい方をすれば、どちら回りで進塁するかは各イニングで最初に塁に出た選手の回り方で決まる、というルールのもとに野球が行われても、とくに重大な支障が起きるとは考えられませんし、またそうした野球が現実にこの世に存在しても一向に不思議ではありません。

この左回り進塁方式を正当化するのはただ一つ、それを義務化することで法的安定性が確保され、野球ゲームに一つのパターンが出来上がって攻撃側も守備側も行動がとりやすくなる、ということです。このような、もっぱら法的安定性の確保を目的とした、純然たる形式からなるルールにはいろいろなものがあります。

若干の例を挙げれば、陸上競技や自転車競技でトラックを左回りに走れと指示するルール、一部の投擲種目でサークルの中から投げろと命じるルール、水泳の平泳ぎやバタフライの泳法を指示するルール、器械体操・新体操・シンクロナイズドスイミングなどの演技内容を指示したあらゆるルール、陸上ホッケーでゲーム再開時にスティックを軽く合わせるブリー規定……などなどがそれに当たります。あるいはまた、バレーボールでは三回、テニス・卓球・バドミントンでは一回のタッチで相手コートに返球せよとする命令も、究極的にはそう決めたからそうなっているとしかいいようのないルールであり、同様にバスケットボールでは二歩、ハンドボールでは三歩、ラグビーでは無制限という、ボールを保持して歩くことのできる歩数を規定した行政法的行為規範も、もっぱら法的安定性を確保することによって《面白さの保障》に貢献する、まさに純然たる形式のルールです。

純然たる形式を強要するこうしたルールは、それらが《そうであってもなくてもよい》ことを定めているからといって、そのために重要さにおいて劣る、などということは決してありません。現実はそれとまったく逆で、《そうであってもなくてもよい》事柄をこうだと、いわば有無を言わさぬ形で一方的に命令するものであることから、その多くは各スポーツ競技の根幹にかかわる基本の行動様式を選手に強要する、むしろ中枢のルールとして存在するということができます。

ⓑ　攻守のバランスを図るルール

どの種目のスポーツであれ、ある種の矛盾ないしは二律背反とでもいえる問題を、常に抱えています。あまり簡単に点が入っては困るが、逆になかなか入らないのも困る、あるいは、個々の応酬局面が簡単に終わってしまっては困るが、一つの試合の決着がなかなかつかないのも困る、といったものがそれです。とくに新しい技術や戦術が編み出されるなどしたとき、それが攻守のバランスにどういう影響を及ぼすものか、常にルール管理者は監視をしていく必要に迫られます。過去にスポーツルールが改定された動機の大半はそうした監視作業の結果であり、その積み重ねの上に、今日われわれが手にするルール体系があるということができます。もちろん、新たに考案された技術や戦術のすべてがすべて、スポーツから《面白さ》を取り去ってしまうとは限りません。たとえばバレーボールの時間差攻撃は日本体育大学の選手が編み出した創意溢れる素晴らしい技術であり戦法であり、それがはじめて試合で披露されたときはさぞ驚きの目で迎えられたでしょうが、それはむしろゲームに《面白さ》をもたらす技術要素として歓迎され、ルール的に規制されることなく今日にいたっています。逆に規制される新技法もあり、背泳の鈴木大地選手がソウル・オリンピックではじめて披露したいわゆるバサロ泳法は、全面的に禁止されないまでも、水中を潜っている距離にすぐさま制限が加えられました。かつて古川勝選手が駆使した潜水泳法と同様、これも見ていて面白くないという一般的な理由のほかに、日本人選手の得意手を封じてしまうことほど面白いものはないという、外国の水泳連盟指導者の思いがあってのルール改定であったかも知れません。

今後、時間差攻撃のような画期的な新戦法が考え出されることはそう多くないでしょうが、専門的な練習を繰り返す選手の技術レベルが向上することで自然に攻守のバランスが崩れてしまう危険は、どのスポーツも日常的に抱えています。技術の向上が不公平をもたらすというのではありません。それはどのチームにも許されることですから。攻防のバランスが崩れることで点が入らなくなるか、あるいは逆に入りすぎるかして《面白さ》が取り去られることが問題なのであり、そうしたときにスポーツの管理者は、関係のルールの改定をもって対処することになります。

行政法的行為規範のなかでは先に見たオフサイドルールが、そうした攻守のバランスを維持する上に大きな役割を果たします。たとえば、テニスでサービス球の落下区域があらかじめ指定されるのは、レシーブをやりやすくしてラリーをつづかせるためです。バドミントンではこのオフサイドルールに加えてもうひとつ、サーブが打たれる瞬間、シャトルコックはサーバーの腰よりも低い位置にあり、ラケットの頭部全体がそれを持つサーバーの手全体よりも下にあること、という制約が加わります。打ち下ろしのサーブがなされるとレシーブはほぼ一〇〇パーセント不可能となり、それではバドミントン競技の《面白さ》など、最初から望むことはできません。実際、サービスエースというのは時たま見られるから面白いのであって、はじめから終わりまでそれだけで進行するゲームになど、誰も見向きはしなくなるはずです。

サッカーのオフサイドルールも攻防バランスの維持を狙ったものですが、たしかにそれによって拍子抜けするような得点シーンは見られなくなりました。ただ、その結果として無得点の引き分け試合が多くなると、このスポーツの人気そのものに芳しくない影響を及ぼしかねません。さりとてオフサイドルールを撤廃してしまうわけにもいかず、また組織規範を改定してゴールの幅を広げるというのも大いに躊躇されるところで、ルール的に見ると非常に単純なスポーツであるサッカーの場合、規則の手直しによって得点ケースを増加させるのはなかなかむずかしいことです。このスポーツにさらなる《面白さ》を保障するために、サッカーの連盟指導者は個々のゲーム局面におけるプレーの質を高めていくことで対処しようと努めています。

近年、攻守のバランスを維持する目的から頻繁にルール改定を行ってきたのが、バレーボールです。このスポーツでは年々、スパイク力がレシーブ力を大きく圧倒するようになり、攻守のバランスが崩れて、個々の応酬場面があっけなく終わるケースが数多く見られるようになりました。このことに対処するため、次の年表に示すとおり、バレーボールでは一九六四年の東京オリンピック終了後から、レシーブの形式に関する行政法的行為規範が次々と改定されてきました。加えて最近になって新たにリベロ制が導入されるに及んで、レシーブ力のいっそうの強化が図られることになりました。これももちろん、どちらかのチームを有利にするためのものでなく、一回のラリーを長くつづかせることでバレーボールに極力《面白さ》を保障しようという、種目の全体的利益を考慮した上での措置です。もっとも、バレーボールにおけるこの一連のルール改定にうかがえる本質的な性格は「規制緩和」もしくは「限定解除」とでも呼べるもので、それは行政法的行為規範の命じる中身が《そうであってもなくてもよい》可変の形式から成っているという事実を、まさに私たちに教えてくれるものです。

〈近年におけるバレーボール・ルールの改定〉

一九六四年　ブロック時のオーバーネットは容認する。

一九七六年　ブロック時のボール接触は三回のタッチに数えない。

一九八六年　サーブやスパイクのレシーブに限ってダブルコンタクトの基準を緩和する。
一九九二年　膝から上のどの部分にボールが接触してもよい（従来は腰から上）。
一九九四年　膝から下のどの部分にボールが接触してもよい（身体のどこでもよい）。
二〇〇〇年　リベロ（レシーブ専門の選手。どの後衛選手との交代も可）制の導入。

この間、バレーボールでは一九九六年に、やはり形式を内容とする組織規範の改定も行われ、球速を落としてレシーブをやりやすくするという目的において、ボールの内気圧が二五％減らされました。さらに一九九八年には、得点方式に関する組織規範が改定されてラリーポイント制（サーブ権なしでも得点が入るテニス方式）が導入され、この新ルールについては冒頭で述べた二律背反の後段の部分、すなわちバレーボールに要する全体の試合時間を一定限度内に留めてくれる役割が期待されています。

野球型スポーツでは攻守のバランスが崩れそうになったとき、主として組織規範に手直しを加えることで対処がなされてきました。とくに投手の球速が増して著しく打力を圧倒するようになった女子のソフトボールでは、二〇〇二年からバッテリー間の距離がそれまでより長く取られ（四〇フィートから四三フィートに）、併せて長打が出やすくなるよう、外野フェンスが二〇フィート後ろに下げられました（現在は二二〇フィートを下限とする）。そのいずれのルール改定も、投手戦になって容易に点が入らないことが多いソフトボール・ゲームの特徴を踏まえての措置であり、ヒットが出る確率を高めてランダウン・プレーを多くすることで、このスポーツに《面白さ》を保障しようとするものです。

このソフトボールでは最終回（七回）を終えても〇対〇のまま決着のつかないことが多く、そのため一九八七年から、タイブレーカーと呼ばれるゲーム再開方式が採用されてきました。これも促進ルール的な性格を備えた組織規範であり、同点延長となる八回以降、前回の最後に打撃を完了した選手を二塁走者（タイブレーカー、すなわち同点破りの選手）として置いて無死二塁の状況をあらかじめ設定し、なるべく早くゲームに決着がつくよう間接的に促しているルールです。野球においても後に見るとおり、攻守のバランスを維持するのに組織規範の改定でもって対処されてきたことは、ソフトボールとまったく変わりません。

2 形式の定義をするルール

バレーボールというスポーツで最も重要な働きをするルールは、三回以内のタッチで相手コートに返球せよと命じる行政法的行為規範です。このスポーツで一方のチームが勝利を得たというのは、半分以上のセットで、相手方よりもこの行為規範に違反した回数が少なかったということを意味しています。それゆえルール違反のないバレーボールというものはあり得ませんが、これに対して野球型スポーツは、一度のルール違反も記録されないまま、そのゲームを終えることが可能です。というのは、野球型スポーツで最も重要な役割を担うルールは選手に何らかの命令を下す行為規範でなく、形式についての定義をしているだけの、つまり選手には違反のできない組織規範だからです。そうした理由から、この項ではもっぱら野球型スポーツに即して話を進めていきますが、それによって組織規範そのものの特徴だけでなく、野球型スポーツのルールやゲーム展開にうかがわれる見事なばかりの論理性についても、これまでにない形でその理解が図れることと思います。

【1】……野球と組織規範

ⓐ　コマ進めの陣取りゲーム

野球というスポーツはお正月によくやる双六《すごろく》遊びによく似た、振り出しからコマを進めて上がりまでの到達を競う、一種の陣（塁）取りゲームだということができます。コマ進めの陣取りが成立したかどうか、成立した陣取りがなおも有効かどうか——野球ルールの主要な部分は、そのことを確認するために存在しています。

双六遊びの場合、もっぱら偶然のなせる業でサイコロの目が決まりますが、どの目が出たにしても、それによって生じる結果というのは、遊ぶ人の意思や努力の及ばないところで決まってしまいます。換言すれば、双六遊びにおけるコマの進め方、つまり陣取りの手順は終始、組織規範の規定に従って行われるということです（ただし、サイコロの振り方に関する決まりは違反が可能な行政法的行為規範）。

野球の場合もこれと同様、最終結果としてのコマの進め方は組織規範の規定に基づいて行われますが、双六遊びのように、あるサイコロの目が出ると自動的にある一つの結果が決まる、というのではありません。組織規範の規定が適用されるまでの段階で選手の努力やミスが介入し、そうであるからこそ野球の、スポーツとしての《面白さ》があるのです。たとえばボール（サイコロ）とベース（陣地）とランナー（コマ）の三者関係から陣取りの成立・不成立を定義する組織規範を例にとれば、このルールに基づいて審判は、ボールと打者走者のどちらが早く一塁に到達したかの事実確認を行い（ここまでは公法的な確認行為）、そしていったん、この確認がなされると、もはやゲームに関係する誰かれの思いの及ばないところで、陣取りの成立もしくは不成立という結果が自動的に決まります。このことを選手の側から見ていけば、守備側のチームは組織規範にある陣取り不成立の要件を満たすために最大限の努力を試み（そのために編み出されたバントシフト、ダブルプレー、変化球といった戦術や技術を駆使して）、また攻撃側はその逆の要件を満足させるために精いっぱいの工夫をこらし（同じくヒットエンドラン戦法、セーフティーバント、スクイズなどを駆使して）、こうして右に述べたボール・ベース・ランナーの関係がその最終的な局面において確認されたとき、あらゆる関係者の期待や願望を超越したところで、自動的に何らかの結果が決まるということです。

このように見てくればすでに明らかなように、野球というスポーツにおいては、そのルールのなかで組織規範（定義のルール）が主流の中心的な位置を占め、バレーボールやバスケットボールであれほど重要な役割を果たした行為規範（命令や禁止をするルール）は、むしろ少数派を構成することになります。選手に向かって命令や禁止をするというより、これこれのことが起きればこれこれの結果が生じる、といった定義を下しているだけのことが、野球のルールには圧倒的に多いということです。

若干の例を挙げれば、飛球が直接キャッチされたとき、スリーバントに失敗したとき、ある条件のもとでスリーストライク目のボールを捕手が正規捕球したとき、インフィールドフライを打ち上げたとき……には、その時点で打者アウトという結果が自動的に生まれます。逆に、ストライクでないボールの投球が四度数えられたとき、送球やフェアの打球が外野フェンスを越えてしまったり、またフェンスや捕手あるいは審判のマスクにひっかかって即時回収が不能となったとき……には、自動的に打者ないし走者の安全進塁が決まります。バレーボールやバスケットボールで特定の行為の実行があらかじめ禁止されたのは、そうしなければ重大な不都合が生じ、ゲームの《面白さ》が破壊されてしまうからでした。しかし野球の場合、その競技規則の重要な部分は行為規範でなく、組織規範から成っています。このスポーツでは選手に《どうこうせよ》とか《するな》とか直接命令するルールは比率において少なく、重要性においても劣るということになります。

実際問題として、たとえば飛球が正規捕球されると打者がアウトになるというルールは、飛球を打てとか打つなとか、あるいは飛球がくれば正規捕球せよとかするなとかの命令を、打者や野手に対して発しているのではありません。スリーバントに失敗した打者はアウトであると定義するルールにしても、ツーストライク後のバントを成功させろとか、するなとかの命令を打者に発しているのではありません。実際、選手は飛球を打ち上げる自由も、またその飛球を正規捕球しない自由も、あるいはスリーバントに失敗する自由も手にしており、たとえその自由が行使されたところで、野球の《面白さ》が台無しにされるわけではありません。この点、野球というスポーツは、たとえば二歩ルールといった行為規範に強く支配されるバスケットボールなどとはかなり性格を異にしており、その本質にかかわる部分はファウルとかバイオレーションとかの概念にあまり大きく支配されず、その意味において罰則といった裁判規範も中心的な役割を演じることがありません。

ⓑ　野球の行為規範

もちろん野球というスポーツにも、命令や禁止のルールがあります。まずそのうちの、マナーを律する刑法的行為規範から見ていくことにしましょう。

野球というスポーツにうかがわれる大きな特徴として、攻撃側であれ守備側であれ、選手は原則として誰からも邪魔されずにプレーができる、という点を挙げることができます。打者はまったく自由に打撃を試みることができますし、走者はボールを持った野手以外から物理的に進路を妨害されることがありません。野手もこれと同様、打球や送球を処理するに際して攻撃側の誰からも邪魔されませんし、そもそも野球では一般に、相手選手のプレーを妨害するような行為はいっさい認められません。バスケットボールやサッカーでは相手チームが交わすパスをカットすることができますが、野球ではそうした行為をインターフェアとかオブストラクションとか呼んで、刑法的行為規範がその実行を厳しく禁止しています。これ以外にも野球の刑法的行為規範は各種の不正行為を定義し、たとえば投手がするボークは打者に対する闇打ちに等しいフェイント行為とみなし、《面白さ》を破壊する行為としてこれを許しません。また打者がフェア打球を二度打ちしたりファウルボールの方向を変えたり、野手がグラブや帽子を投げつけて打球や処理しようとする行為も、同じ理由に基づいて禁止しています。もっとも、こうした刑法的行為規範に違反する行為は、無意識のうちになされる送球妨害やボークといったケースを除くと、選手の意思によってその発生の機会はなくせるもので、そうした意味においてそれほど重要性の高くない、いわば周辺的なルールとみなすことができます。

次に、野球が備える行政法的行為規範にはどのようなものがあるでしょうか。

いくつか拾い上げると、コマ進めの陣取りは決められた順序（時計と反対回り方向）に従って行え、決められた打順を守れ、次打者は「ネクスト・バッタース・ボックス」のなかで待機せよ、投手は投球間隔を長く取るな、打者は「バッタース・ボックス」のなかでボールを打て、用のない選手はベンチに下がっておれ（妨害行為発生防止のための行政的保全命令）、ピンチヒッターに代られた選手は再び同一のゲームに出るな……といった命令・禁止がそれに当たります。そのいずれを取り上げてみても、野球というスポーツの展開に本質的な役割を果たす行為規範とはとてもいえず、まさに周辺的なルールばかりです。

この行政法的な行為規範のうち、野球というゲームの進行に関して本質的な意味をもつおそらく唯一のものは、飛球が打たれてその捕球がなされたとき、塁上のランナーは捕球後でなければ進塁できないとする、いわゆるリタッチ（一般にはタッチアップと呼ばれます）のルールでしょう。これがなければ容易に進塁や得点が可能となり、野球はまったくつまらないスポーツと化してしまいます。そしてインフィールドフライのルールとは、このリタッチ（タッチアップ）ルールを守備側が悪用することを阻止するためのもの、つまり、容易に捕ることのできる飛球を内野手が故意に落球して併殺またはは三重殺の成立を狙う行為を阻むためのもので、そうした行為が「正義」にもとるかどうかの議論はさておくとしても、それが野球から《面白さ》を奪ってしまうことは明らかです。ただし、インフィールドフライはそれが宣告された瞬間、関係者の意思や裁量を超えたところである一つの結果（打者アウト）を生むことから行為規範でなく、組織規範ということになります。

ⓒ　組織規範の意味するもの

右に述べたように、ゲーム展開の本質的な部分が組織規範に支配される野球では、打者はヒットを打つのもファウルを打つのも自由、また打たないのも自由です。野手は飛球を捕るのも捕らないのも自由なら、捕球したゴロのボールを一塁に投げてもよいし、投げなくてもよい。そうしたことがもとで相手チームの陣取りを許してばかりいる選手がいれば、彼は当然、監督からお目玉を食らうでしょうが、それとてもチームが勝つための戦略的処置であって、ルール上の罰則というわけではありません。またヒットやエラーというのも、ある場面で陣取りが成立した原因を特定するために、またそれぞれの選手の「働き度」や「生産性」を評価するために考え出された記録上の概念であって、結局のところルール的に見るならば、打者が一塁に生きるのはエラーやヒットのためというより、先に述べたボール・ベース・ランナーの三者関係を規定する組織規範の、陣取り成立上の要件が満たされたためです。まったく同じ場所やコースに飛んだ打球が、あるときはヒットとなり、あるときはアウトとなることを考えれば、そのことがよく分かると思います。

こうして打者は三振ばかりしてもよいし、野手はいくつエラーを重ねてもよいことになります。このスポーツで行われるコマ進めの陣取りに関して、ルールは選手に、どうこうせよとか、するなとかいう命令を基本的にしていません。その種の命令を下したところで、打てないボールは打てないし、捕球できないボールは捕球されないままです。そして重要なのは、それでも野球というゲームは進行していくということです。

もちろん選手みずからが好んで、エラーや三振を重ねるわけはありません。組織規範に規定される陣取り成立もしくは不成立の要件を双方のチームが満足させようとして、選手はあるいはヒットを狙い、あるいはランナーの進塁阻止に全力を尽くすはずです。仮にそうした努力を何もしないチームがあるとすれば、ここに条理的行為規範が介入して何らかの制裁措置がとられるでしょうが、それ以前の問題として、そうしたチームは最初からグラウンドには姿を見せていないはずです。それ自体としては《やってもやらなくてもよいこと》をするのがスポーツであるにしても、そのスポーツをある観点から意味あるものに仕立て上げるルール的行為を頭から無視することは、まさに二重の意味において無意味な行いをすることになるからです。そうしたナンセンスな事態に好んでわが身を置こうとする人間など、よほどのヒマ人でもない限り、おそらくこの世にはいないであろうということです。

【2】………野球ルールの変遷

表4に示すのは、主として投手と打者にかかわる野球ルールの変遷一覧で、渡辺融氏の資料から関係部分を抜粋させていただいたものです（『スポーツの技術史』所収「野球の技術史年表」）。野球の技術的な変遷の詳細については他の専門書に譲りますが、少なくともこの年表からも、本書が主張する基本的なルール認識を再確認することができます。要約していえば、

①ルールは不変にして絶対的・客観的なものでなく、可変にして相対的・経験的なものであること。
②そうした性格のルールを一定期間、絶対の判断基準として機能させるのは、何を面白いと見るかの、関係者の主観に基づく合意的判断であること。
③ルールは技術のあとを追いかけ、攻守のバランスが崩れたと判断されればルール改定でもってその修復を図ること。

となるでしょう。

この表4に記載されたルールのうち、投球法（当初はアンダーハンドのみ）を指定するルールと、打者に高低球の要求権を与えるルールとが行為規範、詳しくは投手を相手方とする行政法的行為規範であり、その他はすべて組織規範です。ボールとベースとランナーの三者関係から陣取り成立・不成立を定義する基本の組織規範は変わることがありませんが、そこに定められる要件を満たすに当たって攻守間で著しく難易度のバランスが欠けるようになったとき、換言すれば、何らかの技術的向上が介入して陣取りの成立が極めてむずかしくなるか、あるいは逆に極めて容易になるかしたとき、別の組織規範に改定の手が加えられることになります。この場合、攻守のバランス崩壊が道徳的に不条理だからそうされる、というのではもちろんありません。どのようなルールであれ、相対する二チームがそれに支配されている限り公平であり平等なのであって、陣取りが容易になれば双方ともが大量点を挙げることができるし、その逆であればゼロ対ゼロのゲームに終わるだけです。ここではE・ダニ

表4　野球ルールの変遷

年号／事項	バッテリー間距離	投手ボックス	投球方法	悪球出塁	勝敗の決め方	その他
1842	35フィート	12×4フィート	アンダーハンド			
1845	45フィート				21点先取制	
1857					9イニング制	
1863				ボール・ストライクの宣告開始		
1867		6×6フィート				
1870				打者の高低球要求権（1887年に廃止）		
1876		4×6フィート				
1879				ボール9球出塁		
1880				ボール8球出塁		三振アウト
1881	50フィート			ボール7球出塁		
1883			サイドスロー可			
1884			オーバースロー可	ボール6球出塁		
1885				ボール7球出塁		
1887				ボール5球出塁		
1889				ボール4球出塁（現在に至る）		

（渡辺融氏の資料から抜粋して作成）

ングのいう「緊張と興奮の創出と持続」が、これら一連のルール改定を意味づけ、さらには正当化する、まさにうってつけの論理としてあります。

以上のことを確認した上で、表4にあるルールを、とくに技術との関連において見ていくことにしましょう。

野球がはじめられた当初、投手は現在のソフトボールにおける素人ピッチャーのようなものであったといわれます。とくに初期のころは、投手は打者にできるだけ打ちやすい球を投げるよう努めたもので、現在のように打者を牛耳る存在ではありませんでした。試行錯誤の産物であるルールは、常に現実に目の前にする技術レベルを踏まえて一定の宣言を下すもので、当時の投球技術がそのようなものであったのなら、投球距離は当然、現行のものよりも短いものとならざるを得ませんでした。でないとボールが打者にまで届かなかったり、届いても打てないようなボールばかりであったりして、野球そのものが成り立たないことになります。一八九三年まで投手ボックスが設けられ、そのなかで投手に助走することが許されたのも、当時のそうした技術レベルを反映してのことでした。

そのうち投球術は徐々にレベルアップし、やがてはピッチャーがバッターを容易に牛耳る場面が見られるようになりました。すると今度は打力とのバランスを図るため、投手と捕手の間の距離を長くし、かつ投手ボックスを狭くする必要に迫られます。悪球による打者出塁のルールは一八七九年から採用されていますが、その当初の目的はおそらく、そのような規定を設けることで投手にできるだけ好球、つまり打者の打ちやすい球を投げさせるよう促し、ゲームをスムーズに進行させることにあったと考えられます。しかし九球制からはじまった悪球による出塁の規定が現行の四球制に落ちつくまでの過程で、たしかにスムーズなゲーム進行を図るという動機もさることながら、オーバースロー投法の認められた投手から打者を保護して投打のバランスを図るという、新たな存在の意味をこのルールは担うようになったと考えられます。

表4の「その他」にある三振アウト以下のルールは、いずれも促進ルール的な意味合いをもつ組織規範としてその存在の理由を理解することができます。その上の欄にある、ゲームの最終的な決着のつけ方に関する組織規範が二一点先取制から九イニング制に改定されたことの理由については、少し説明が必要かも知れません。一説によれば、二一点先取制という試合方式ではいつゲームが終わるかの予測がまるでつかず、極端にいえば三〇分ですむことも、また数日を要することもありました。それでは当時の慣習として試合後に催された、ビジタークラブを歓迎するパーティーの準備に大いに支障をきたし、その接待担当係から苦情が出されて、九イニング制で競われるようになったというのです（八木一郎『野球をもっと面白く見るための本』）。これも一つには、ルールが何らかの客観的真理や自然法的正義に導かれて定められるものでないことを雄弁に物語る逸話といえますが、この九イニング制への移行は結果的に、その後の野球の発展に大きな力を発揮したといわなければなりません。多くの人たちが指摘するとおり、野球は早くから「見せるスポーツ」としての道を歩み、しかもその

「見せる」主な相手は日々の労働にいそしむアメリカ人大衆でした。閑暇に恵まれた貴族社会の人びとでなく、大衆を相手とするスポーツはその展開のリズムも大衆の生活リズムに合わせなくてはなりません。短すぎも長すぎもしないと判断される九イニング制の導入は、まことに適切なものであったといえるのです。

二一点先取の二一、それに九イニング制や悪球九球制や一チーム九人の九という数字は、十二進法の産物（三の倍数がよく用いられる）だといわれます。この野球が日本やフランスといった十進法の国で生まれていれば、一〇イニング制が採用されていたかも知れません。野球におけるニッカーボッカーズや柔道や剣道における胴着の着用もそうですが、ルールが規定する内容には文化の影響が色濃くうかがわれます。しかしルールが担う機能そのものは、個別文化の影響範囲外にある普遍的性格を備えたものであることはいうまでもありません。

【3】……アピールアウトという組織規範

ⓐ アピールアウトとは

野球では二つのチームが陣取りの失敗（アウト）を三回ずつ、それぞれ合計二七回重ねるとゲームセットになります。セーフはアウトでないこととして『公認野球規則』では積極的に定義されませんので、このスポーツでもっとも重要な役割を担うのは陣取り不成立の要件を定めた、すなわちアウトに関する組織規範です。

このアウトが宣告される仕方には、二つのケースがあります。一つは審判がみずから進んで宣告する通常のアウトであり、もう一つは守備側からの確認申請、すなわちアピールがあってはじめて、審判に宣告することのできるアウトです。前者は組織規範に基づいて審判が普通一般に行うアウト宣告であり、仮にこの種のアウトだけでゲームが終了した場合、それは組織規範に定義される陣取り成立の要件を両チームがそれぞれ二七回満たさなかったこと、つまりは攻撃に際して双方の選手が、ともに一度のルール違反も犯さずに試合を終えたということを意味しています。そして後者の、いわゆるアピールを待って宣告されるアウトがこの項で問題とするアピールアウトであり、こちらは行政法的行為規範が走者や打者に課している義務の履行がなされなかったとき、それを守備側の選手が審判に指摘してはじめて成立するアウトです。

アピールという確認申請行為はこのように、攻撃側選手による行政法的行為規範の不履行を前提としていますが、アピールの規定そのものは、一定の定義を下しているだけの組織規範です。このアピールは、日本国憲法第一六条に保障される請願権と、非常に性格のよく似通った権利です。アピールの規定も請願権の規定も、公権力（審判・政府）に対して何らかの意思表示ができるということを明示しているだけで、それ自体としては何らの命令も発していません。それゆえアピール権や請願権を行使しなかったからといって、野球の選手も日本国の国民も何らかの不利益をこうむることはあるにしても、それによってとくにこれといった処罰を受けることはありません。そのいずれもが行為規範でも裁判規範でもない組織規範であることの、これは証《あかし》とすることができます。

このアピールについて『公認野球規則』は、「守備側チームが、攻撃側チームの規則に反した行為を指摘して、審判員に対してアウトを主張し、その承認を求める行為である」と定義しています。ここにいう「規則に反した行為」の「規則」とは、攻撃側選手に対して触塁と打順についての命令を下している一群の行政法的行為規範を指しています。この行政法的行為規範によって攻撃側の選手には履行すべきいくつかの義務が発生するのですが、それを整理すると、次の三つの種類にまとめることができます。

①リタッチ義務　飛球が捕られたとき帰塁すべき塁に触れ直す。

②触塁義務　一塁をオーバーラン（スライド）した後、ただちに帰塁する。塁に触れずに通過したとき、またとくに本塁に触れられなかったとき、直ちに触れ直す。

③打順遵守義務　申告したとおりの打順を守る。

このうち、①と②に示す義務違反があったとき、走者が触れる義務のある塁に野手がボールタッチをして審判に当該の義務違反をアピール（指摘）すれば、それでアウトが成立します。後で改めて触れることになりますが、この場合、わざわざ走者のところにまで行ってその身体にタッチを試みる必要がない、というところが重要です。つまり打者がフェアゾーンに打球を飛ばして一塁に走ることを余儀なくされるケース（これを強いられた状態、つまりフォースの状態といいます）と同じように、アピールアウトはフォースアウトのようにして成立するアウトだということです。

アピールアウトと通常のアウトでは、それぞれの対象となる走者の立場、あるいはルール上の身分関係がまったく異なります。たとえば一塁走者が盗塁を試みて二塁に走ったとき、あるいはフェアゾーンに打球が転がって三塁走者が本塁に突入したりするとき（一塁もしくは二塁が空いているとして）、それら走者にタッチを試みる野手や捕手はアウトを取るため、審判に向かってアピールをする必要があるでしょうか。――もちろんその必要はありません。というのは、このケースの走者は行政法的行為規範に照らして何らの義務違反も犯しておらず、野手にはアピールをしなければならない何の理由もないからです。走者は基本的に自己の責任において、いつでも自由に塁を離れる権利を有しており、とくに盗塁というのはその権利を行使する特殊な形態であって、途中でそれをやめて元の塁に戻ることも可能です。次塁を奪う行為は自由に走者に許されるもので、この場合は、「ボールインプレイで走者が塁を離れているときに触球された場合」（『公認野球規則』）という、走者アウトに関する組織規範の一般的規定が満足されたかどうかを確認した上、審判は速やかにアウトかセーフかの判定を下します。したがって、盗塁や本塁突入時における塁上のタッチプレーで走者と激しく交錯した野手や捕手が、そのグローブを高々と上に上げて審判に誇示することがあるのは、ここでいうアピールをしているのではありません。この場合は落球していないことを、単に審判に告げ知らせているのです。

ⓑ　アピールアウトの「なぜ」

以上の説明によってアピールアウトという組織規範が「なに」を規定するものか、一応の理解が得られたことと思います。ここで私たちはさらにもう一歩進んで、それでは野球は「なぜ」アピールというルールを備えるのか、その存在の理由について考えなくてはなりません。バスケットボールやバレーボールでは選手が行政法的行為規範に違反したとき、ただちに審判がそれを摘発して然るべき処罰を加えます。これに対して、「なぜ」野球というスポーツでは義務の不履行があってもそこにアピールという守備側の手続きを介在させ、審判がアウトの宣告をするまでにワンクッションを置くのか、という問題です。

バレーボールやバスケットボールのゲームを考えればよく分かりますが、違反のない行政法的行為規範というものはありません。違反される可能性のない行為規範など、そもそも存在する理由がないからです。その上、ボールを三回以内のタッチで相手コートに返せとか、ボールを持って二歩以上歩くなとか命じる行政法的行為規範は、もともと選手によって違反される運命にあり、前に述べたことの繰り返しになりますが、この種のルールは違反されることそれ自体が問題なのでなく、違反されたまま放置されることが《面白さの保障》との関係において重大な不都合を生むのです。そのためにスポーツでは一般に行政法的行為規範に違反があったとき、即座に審判はプレーを停止させて違反者に罰を与えます。ところが野球の場合、アピールの対象となる行政法的行為規範への違反があっても、コマ進めの陣取りゲームというこのスポーツの特性上、直ちに審判はその違反を指摘してアウトの宣告をするわけにはいかないのです。そのために野球はアピールアウトという組織規範を必要とするのですが、それはいったい、どういう理由によるものでしょうか。

ここで最も典型的なアピールアウトのケース、すなわち進塁するに当たってベースを踏み忘れてしまった走者について考えてみることにしましょう。

そんなに頻繁に見られるものではありませんが、かつて読売ジャイアンツの長嶋茂雄選手が放った有名な「幻のホームラン」のように、数年に一度か二度、三塁打を打ったりホームランを放ったりした選手がどれかの塁を踏み忘れたまま進塁してしまい、アピールアウトになることがあります。この場合、走者となった選手が塁を踏んでいないことを審判が自分の目で確認しても、彼はただその事実だけをもって、この選手をただちにアウトにすることはしません。なぜでしょうか。――それはまことに論理にかなったことで、なぜなら塁の踏み忘れがあっても、そのことに気づいた選手は逆走して、改めて塁に触れ直す権利を有しているからです。たとえ塁を踏み忘れたとしても、その選手は依然としてセーフの状態にありつづけるからです。

　このとき審判は何の判定も下せないまま、いわば宙ぶらりんの状態に置かれることになるのですが、野球というコマ進めのゲームは《面白さ》と相容れない、こうした空白の時間が生まれることを極度に嫌います。この宙ぶらりんの状態から速やかに審判を解放するための手続き条件の一つがアピールであり、その措置を野手がとることによって、審判は塁を踏み忘れた選手をアウトにできる権限を手にするのです。野手のアピールを受けてはじめて審判はアウトの宣告を下すことができ、そうしてコマ進めの陣取りゲームを遅滞なく前に進めることができるのです。

　この場合、塁の踏み忘れに気づいた選手が逆走するに当たって野手のタッチを逃れようと塁間の走路を逃げ回ったり、あるいはホームランを放ってすでにダグアウトまで引き上げてしまっている選手を野手が探し回って追いかけるとなれば、《面白さ》という見地からしてさらに無駄な空白の時間が生まれることになります。そのため塁を踏み忘れた選手のことは放っておいて、彼が触れなければならないベースにボールをタッチすることでアウトが成立するというフォースアウトの形式が、スムーズなゲーム運営のためにはどうしても必要となってきます。『公認野球規則』は触塁義務に関する細々とした規定をいくつも備えていますが、アピールアウトというルールの基本的な存在理由は、以上のように理解しておけばよいでしょう。アウトの宣告ができない状態から審判をいち早く解放することで守備側の得る利益はもとより、それによってゲームを遅滞なく進行させ《面白さ》を保障するという、野球全体の利益にもかなうわけです。つまりアピールには、そうした促進ルール的な意味を読み取ることができるのです。

飛球が正規捕球されたとき、塁間にいる走者に発生するリタッチ（再び塁に触れる）義務についても、これと同じ解釈が可能です。野手が捕球する前に離塁してしまった走者が逆走してその塁まで急いで戻ってくるとき、これをアウトにする上でとくに無駄な空白の時間は生じませんが、すでに向こうの塁近くにまで到達している走者の場合、こちらもただその事実があるだけで審判はアウトの判定を下せませんから、選手のところまでボールを運んでタッチをする手間と時間とを省かせる、やはりフォースアウト形式のアピールアウトが必要だということになります。

明らかな塁の踏み忘れや早すぎるタッチアップ以外にも、塁上でのタッチプレーで走者は塁に触れないまま行き過ぎたり、触塁を試みて失敗することがあります。それがどの塁で起きても、野手はわざわざ走者の身体にボールタッチを試みる必要はありません。この場合も関係する塁にボールタッチをするフォースアウトの形式で、やはりアピールアウトが成立します。ベースへのタッチに失敗した走者が触塁する意志をなくしたかのように振舞うことで野手や捕手を欺き、一瞬の間隙を縫って塁に触れ直そうとするようなことが、おそらく過去にはあったのかも知れません。《面白さ》と相容れないそうした悪意から実効性を剥ぎ取るためにも、またゲームをスムーズに進行させるためにも、アピールアウトというルールは大きな意味を担って存在することになります。

このように見てくると、行政法的行為規範が攻撃側チームに命じている形式の遵守方を、いつも注意深く見張っているよう守備側に促しているのが、アピールアウトのルールだということもできます。注意を怠って塁の踏み忘れに気づかないまま、守備側が必要な指摘をしないで投手が次の打者に一球を投じたりしてしまうと、その時点でアピール権は消滅し、攻撃側の規則違反は最初から存在しなかったものとされてしまいます。アピール権の発生と同様、その消滅条件を定めたこの組織規範にも、やはり促進ルール的な意味を見出すことができます。こうした性格のルールを備える野球というスポーツに、法の遵守のされ方を市民自身が自主的に監視していくという、アメリカ的民主主義の雛形を見ることができるかも知れません。とくに打順の誤りを守備側に指摘させることには、そうした煩雑な管理の業務や責任から審判を解放しようという市民参加的な意味合いを見ることも可能でしょう。しかし私としては、そうした文化社会論的な解釈よりも、コマ進めの陣取りゲームである野球の特性がアピールというルールを必要としているのであると、あくまでもその意味をルール論的に解釈するのが適当であろうと考えています。

ⓒ　国語辞書に見るアピール

少し余談めいた話になりますが、日本語の辞書がこのアピールをどう説明しているかについても、ここで簡単に見ておくことにしましょう。

『広辞苑』（岩波書店）にアピールの語は第一版から登場しますが、そこには、①世論などに訴えること。②訴。訴える力。魅力。

とだけあり、これにスポーツ的な意味が加わるのは第四版からで、最新の第五版では、
①訴えること。訴え。②世論などに呼びかけること。呼びかけ。③心に訴える力。④運動競技で、審判の判定に異議を申し立てること。
となっています。これを要するに、「アピール＝抗議」であると、この辞書はいっているわけです。

これ以外に、私が目を通すことのできた国語辞書の、スポーツに関係したアピールの解説部分だけを順不同に示すと、次のとおりとなります。


三省堂『新明解国語辞典』②〔スポーツなどで〕審判に抗議すること。

三省堂『辞林21』④運動競技で、選手が審判に判定についての不服を申し立てること。

小学館『現代国語辞典』②スポーツなどで審判に抗議すること。

角川書店『最新国語辞典』②(スポーツなどで）審判に抗議すること。

旺文社『国語辞典』②スポーツで、審判への抗議。

集英社『国語辞典』②(野球などで）コーチや選手などが審判の判定に異議を申し立てること。

まさに同じ顔の金太郎飴みたいで、驚くべきことにどの辞書を開いても、アピールは選手が審判に対して行う抗議、すなわち「アピール＝抗議」とされています。

右でも見たとおり、アピールの対象となる攻撃側の義務不履行に対して、野球の審判はただちにアウトの判定を下しません。というより、判定を下せない宙ぶらりんの状態に置かれているわけで、そもそも下してもいない判定に対して選手が抗議をするというのは、論理的にも現実的にも不可能なことです。それに加えて、もとよりアピールとは訴えることであって抗議することを意味しませんから、結局のところ、これらの辞書は『公認野球規則』にいうアピールでなく、スポーツの世界で誤用されているアピールの、要するに和製英語的な意味だけを右にならえ式にこぞって記しているだけ、ということになります。

もちろん辞書というのは、ある時代に使用された言葉をできるだけ数多く記録する役割を担っており、誤用されている言葉があればそれも載せておく必要はあるのでしょうが、誤用であるとの注釈抜きでそれをやるというのも、またおかしな話です。野球用語としてのアピールが一般の日本人にあまり馴染みのない意味内容の言葉であることが本来の意味を載せない理由だとも考えられますが、しかし同じ野球用語のアーンド・ラン（投手の自責点）や登山用語のアバランシュ（雪崩）といった、およそ今日の日本人が用いるとも思えないカタカナ外来語は『広辞苑』に収録されています。野球というスポーツの特性上、極めて重要で特異な役割を担い、しかもアピールというカタカナ語で呼ぶしかないこのスポーツ用語のルール的な意味を日本の国語辞書に見出せないというのは、まことに残念というほかありません。

ところで、抗議という意味におけるアピールの誤用は、書き言葉のなかではほとんど見られません。野球やサッカーの試合で審判に激しく詰め寄る監督や選手がいれば、その行為のことを新聞や雑誌はアピールでなく、もっぱら「抗議」という漢語で表現しています。それを敢えてアピールと称するのは、私の知る限りではテレビやラジオのスポーツ・アナウンサーだけです。たとえば『例文で読むカタカナ語の辞典』（小学館）にあるアピールの項を見ると、「①訴え」および「②魅力」という箇所にはそれぞれ例文が添えられているものの、「③スポーツで審判に抗議すること」にはそれがありません。つまりそれは誤用であり、適当な例文を書き言葉のなかに見つけられなかったということをよく示しています。

それでは日本の国語辞書が口々にいうように、野球を含めてスポーツの世界は、「アピール＝抗議」を認めているのでしょうか。答えはもちろん、断固として否です。

サッカーでは選手が審判に抗議するような素振りを見せただけで、イエローカードかレッドカードを出されてしまいます。バレーボールではミスコンダクトといって、選手が審判に不平不満を口にしたり抗議の姿勢を示したりすると即座に警告を受け、これが二度に及ぶと、相手チームにポイントとサーブ権が与えられてしまいます。バスケットボールでは抗議そのものを論外のこととみなし、その公式のルールブックは関連の禁止規定すら用意していません。

野球の場合はどうでしょうか。『公認野球規則』によれば、「……ストライクかボールか……という裁定に限らず、審判員の判断に基づく裁定は最終のものであるから」選手その他は「その裁定に対して、異議を唱えることは許されない」とあります。テレビやラジオで野球中継をするアナウンサーはこうしたルールのことはほとんど話題にも取り上げず、選手が審判に詰め寄り、時には暴力さえ交えて行う激しい異議申し立てを誤ってアピールと称し、あたかも選手が行うそうした抗議を権利として認めているかのようです。たしかにそのような嘆かわしい現実があるとはいえ、少なくとも「アピール＝抗議」と記す国語辞書は、それが誤用であり、スポーツの世界はそうした行為を断じて認めていないということも明記しておくべきではないでしょうか。

大正十一年に出された雑誌『日本少年』新年号の「大附録」に、「少年野球優勝旗争奪双六」というのがあります。それを見ると、一の「振り出し」からはじまって、二の「内野フライ」、三の「盗塁」、四の「応援団」とつづき、五は「物言い」で「一回休み」となっています。そしてこの異議申し立てを内容とする「物言い」こそ、まさしく当時の言い方でアピールを指したものではないでしょうか。仮にそうであるなら、実に「アピール＝抗議」の誤用はすでに大正時代からあり、それが昭和を経て平成時代の国語辞書にまで、連綿と受け継がれてきたということになります。

この項を終えるに当たって、国語辞書に書かれることが望ましいアピールの解説例を示しておくと、次のようになります――「野球で守備側選手が攻撃側の義務違反を審判に指摘し、アウトの宣告を求めること。また一般には禁止されるが、広くスポーツで相手チームのルール違反などを審判に指摘すること。なお、アピールを抗議の意味で用いるのは誤用」。

【4】……「とうちゃんソフトボール」というスポーツ

この奇妙な、しかしどことなくユーモラスな呼び名をもつ野球型スポーツは、名古屋地方の南部を発祥の地とし、現在もその地域で盛んに行われています。

昭和五十年四月、名古屋市に隣接する大府市の体育指導委員会において、市民のスポーツ活動を振興する上でどのような種目に重点を置き、指導と助言をしていけばよいかが話し合われました。当時、インディアカといった新しいスポーツが注目されましたが、それを含めて実施可能なあれこれのスポーツがリストアップされた結果、市民の間に野球型スポーツを希望する声が強くうかがわれることを考慮し、ソフトボールに焦点が合わされることとなりました。といって、単にソフトボール連盟公認の競技ルールを採用するだけでは各種の不都合が予想されました。なかでも最大のものに、たとえアンダーハンドによるものとはいえ、投球距離の短いところから投げ込まれるソフトボールの球は相当のスピードをもち、専門家ならともかく、一般の人びとには容易に打ちこなせないという事情がありました。速球が不条理だというのではありません。打てないソフトボールほど面白くないものはない、というだけのことです。こうして体育指導委員会はソフトボールのルールにいくつかの手直しを施したのですが、そのうちの主なものを示せば次のとおりです。

①投手は打者の肩よりも高い一点を頂点とした、山なりのボールを投げなければならない（行政法的行為規範）。

②前記投球ボールのストライクゾーンは、打者の肩と膝、およびホームプレートの横幅で形づくられる四角形とする（組織規範）。

③四球と三振（いずれも組織規範）はあるが、死球（刑法的行為規範）はない――実害がないという以上に、投球スピードからして打者にはそれを避ける余裕が十分あるから。

④塁上の走者は打者がボールを打ったときだけ離塁することができ、したがって盗塁は禁止される（行政法的行為規範）。

⑤九名からなるメンバーは男性にあっては既婚者、女性にあっては二十歳以上の者が最低二人、そのうちの一人は三十歳以上であること（行政法的行為規範）。

打ちやすいボールを投手に要求して打てる確率を高めておいて、盗塁という攻撃法はこれを不要とみなして禁止したのが「とうちゃんソフトボール」です。それは一般にはスローピッチ・ソフトボールと呼ばれるものですが、そのルールに年齢や性別の規則を加えたところに、この場合の地域スポーツ的な特徴を見出すことができます。

野球型スポーツでは、ボールが打てなくては面白くありません。ボールを打って走って、はじめて面白いのです。「見せるスポーツ」を意図したアメリカの野球は投打のバランスを図ってダニングのいう「緊張と興奮」を創出するために、前に見たようなルール変遷の道を歩みました。これに対してスローピッチ型の「とうちゃんソフトボール」では、むしろ投打のバランスを崩す目的において、少なくともダニングがいう「緊張」をないがしろにした上で、最初からそのルール化が図られたということができます。それが可能であったのは、これが「見せるスポーツ」でなく、「するスポーツ」としてスタートしたからです。実際、試合ごとに両チームが大量得点を挙げる「とうちゃんソフトボール」を横で眺める人が、それを面白いと感じようが感じまいが、それほど重要なことではありません。このゲームに参加する人たちが面白ければそれでよく、またその限りにおいて「とうちゃんソフトボール」のルールは正当化され、合理性を付与されるのです。

「する」側の論理に立って、換言すれば「する」側の技術レベルとの兼ね合いにおいて《面白さの保障》に心がけたそのルールは、少なくとも一定数の市民から支持を受け、現実に彼らをグラウンドへと引っぱり出して汗を流させたのです。当事者の技術レベルが問題とされないルールは、少なくともその当事者からすれば存在する意味がありません。したがってソフトボールの一流選手が「とうちゃんソフトボール」ルールを採用してゲームを行うべき理由は何もなければ、街角の「とうちゃん」たちが公認のソフトボール・ルールに従ってゲームをやるべき義務も、また何ひとつとしてありません。スポーツとは、またそのルールとは結局、そうしたものなのです。

第4章

社会のなかのスポーツとルール

1 遊びとしてのスポーツ

【1】……遊びとスポーツ

イギリスで最も由緒あるとされるオックスフォード英語辞典（以下ＯＥＤといいます）の編纂が計画されたのは一八五八年のことで、その第一巻は一八八四年に刊行されました。わが国でいえば、ちょうど明治維新をはさんだ時代の出来事です。このＯＥＤの最終巻である第十二巻は、第一巻の刊行から数えて四四年後の一九二八年にようやく完成を見、この初版本にさらに手を加えた改訂第二版が刊行されたのは、ついこの間の一九八九年のことでした。編纂の企画から現在手にする改訂版の完成にいたるまで実に一三〇年という長い時間がかけられたのは、それなりの理由があってのことです。このＯＥＤの編纂に当たっては古いものから現代のものまで、およそ英語として文献に現れたすべての語彙を過去にまでさかのぼり、ことごとく収録しようというのがその編集方針としてあったからです。そのこともあって、このＯＥＤでスポーツの語を引くと、日本語の辞書とはかなりちがった並びで意味の解説のあることが分かります。それだけでなく、英語としてのスポーツには、つまり、イギリス人がスポーツと聞いて自然と頭のなかに思い浮かべる意味内容には、日本人一般がスポーツとして理解しているところより、ずっと幅広いものがあることにも気づかされます。

このOEDによると、スポーツ（sport）という言葉が最初に備えた意味は「愉快な娯楽・慰み・気晴らし」とされ、これには一四四〇年に書かれたという文章が添えられています。よく知られるように、このスポーツはもともと、ラテン語のデポルターレ（deportare）を語源とする古いフランス語のデポール（desport）が英語に入り、頭音消失を起こしたものです。フランスにおけるスポーツの発展史をつづったジュスランの『スポーツと遊戯の歴史』によると、この国ではすでに十三世紀の頃から、仲間と一緒に野山などに出かけてする遊びのことをデポール（その動詞はデポルテdesporter）と呼んでいたといいます。それに関してジュスランはフランスの著名な古典学者デュ・カンジュが著した『中世ラテン語辞典』（十七世紀）について触れ、そのデポルターレの項に、十三世紀の文献から引いたとされる「気散じせんとて愉しま《デポルテ》んとて（……）馬を駆りて狩りに出でにけり」という、古いフランス語で書かれた文章のあることを紹介しています。このデポールがそのとおりの形と意味を備えたまま中世のイギリスに入り、「英詩の父」と称されるあのチョーサーが著した有名な『カンタベリー物語』（十四世紀）のなかでも、「愉しみ《デスポート》に野遊びに出かける」若者たちの姿が描かれるに当たって、フランス語の綴りがそのまま用いられています。まこと洋の東西を問わず、電灯も新聞もなかった中世には人びとは家のなかにいて何もすることがなく、そのため戸外に出て大いに遊んだようです。十二世紀のわが国でも『梁塵秘抄』にあるあの有名な歌「遊びをせんとや生まれけむ戯れせんとや生まれけむ」が詠まれ、また『鳥獣戯画』にその遊びの数々が描かれているとおりです。そうした遊びをイギリス人はスポーツと呼び、彼らもそれを戸外で大いに楽しみました。カード遊びのような座ってする遊びも、それに必要なテーブルと椅子は家の外に持ち出し、近くにある大きな木の陰などで遊ばれました。

十六世紀のフランス人作家ラブレーも同じ言葉を用いて、「辻や野原で遊び戯れ《ス・デポルテ》、球投げ《バル》や打球戯《ジュ・ド・ポーム》……をして」遊ぶガルガンチュアとその仲間たちの様子を描いています（『ガルガンチュアとパンタグリュエル物語』）。しかしこのラブレーの時代、すでにデポルテは遊びを意味する言葉としては常用フランス語から姿を消してしまい、中世末期やルネサンス時代の言葉を収録したフランス語の古語辞典にあるデポールに、もはや遊びの意味を見つけることはできません。こうしてフランスも日本と同様、十九世紀になって改めてスポーツという語を、イギリスから輸入することになります。

その後、スポーツの名で呼ばれる遊びはイギリス社会の習俗の変化とともに姿形を変えていきますが、それが常に「愉快な娯楽・慰み・気晴らし」の意味を基底部に備えていたことは、今日まで一貫しています。こうしてOEDにあるスポーツの意味として二番目にくるのが「恋人どうしがする戯れ」（一五五〇年）で、さらに「貴族が愉しみで行う狩り」（一六五三年）等々とつづき、そのあと十九世紀になってようやく、われわれ日本人がスポーツとして理解している身体運動や競技を表す意味の説明と文献が登場してきます。私たち日本人がスポーツと聞いてすぐ頭に思い浮かべるサッカーやテニスといった運動競技は、勝ち負けを競うゲーム的な性格の遊びに彼らイギリス人が近代的ルールを付与して十九世紀につくり上げたところの、そうした身体活動を指していることになります。この中身の特化された身体活動が、スポーツという言葉と一緒にわが国に導入されたのですが、そのためにこの語が当初から備えた「愉快な娯楽・慰み・気晴らし」という基本の意味は、ややもすれば日本語としてのスポーツでは二義的なものとされがちです。

そうした事情も手伝ってか、現代英語におけるスポーツという語の用いられ方については、なぜそうなのかを理解するのに、私たち日本人は少しばかり想像力を要求されることがあります。一例を挙げれば、ある形態と機能を備えた自動車をスポーツカーと呼びますが、これはもちろん、スポーツとしての競い合いをするためのレーシングカーを指すのではありません。仕事の用には用いない、つまり実用には向かない遊びのための車、という意味においてスポーツカーなのです。そのほか、「面白いこと」「好きなこと」「冗談」「おもちゃ」などの意味でイギリス人がスポーツという言葉をよく用いるのも、やはりその根底の部分に愉快な遊びという意味があってのことです。

スポーツと遊びはこのようにほとんど同義語としてあり、後に改めて触れるように、そのどちらも一言で言い表せば、「やってもやらなくてもよい活動」とすることができます。もう少し別のいい方をすれば、「やってもよいが、やらなくてもとくに社会や個人が困らない活動」のことです。稲や麦を育てること、あるいは赤ん坊の世話をしたり家を建てたりすること、これは誰かがやらなくてはなりません。でないと社会が困ってしまいます。しかしスポーツはどうかというと、そんなことはありません。そしてこれは政治的・経済的および社会的な、すなわちあらゆる二次的・三次的な付加価値要素をすべて剥ぎ取った上でそういうのですが、たとえスポーツがこの世に存在しなくても、とくに人や社会が困るようなことはありません。戦時中がそうであったように、なければないで社会はやっていけます。スポーツとは本質的にそういう性格のものであり、そういう意味において、やってもやらなくてもよい遊びの一形態ということができます。

私の経験上、こうしたスポーツの見方を人に伝えると、往々にして、予期せぬ二つの反応が返ってくることがあります。一つは、「そうか、やってもやらなくてもよい遊びだから、スポーツなんてどうでもよいものなのだ」とする、極めて安易なスポーツの価値否定論です。もう一つは、「いや、スポーツはこの世に絶対になくてはならないものだ。なぜなら人や社会はそれによって多くのものを手にすることができるからで、それをやってもやらなくてもよい活動だというのはスポーツに対する冒涜にほかならない」とする、スポーツの価値の絶対的肯定論です。

それゆえここであらかじめ断っておかなくてはなりませんが、やってもやらなくてもよいとは、やるだけの価値がない、といったことを意味しているのではありません。それとこれとはまったく別の話であって、後述するように、やってもやらなくてもよいことを敢えて行おうとするところに、スイスの言語学者ソシュールがランガージュと名づけたシンボル化能力を備える人間独自の営みとしての、極めて積極的な文化的価値を認めることができるのです。その点についてはまた後に触れることになりますが、ここではまず、スポーツが基本的に遊びの性格を備えるものであることを確認しておきたいと思います。

【2】……スポーツの基本的属性

一八九六年にはじめての近代オリンピック大会がギリシャのアテネで開かれたとき、対象となったスポーツは、水泳、体操、陸上競技、レスリング、フェンシング、テニス、射撃、自転車の、わずか八種目にすぎませんでした。それから一世紀という時が流れ、再びアテネを舞台として第二八回オリンピック競技大会が開かれましたが、そこでの実施種目は二八と、実に三倍以上の多さに増えています。アテネ・オリンピックの公式案内パンフレットではこの二八種目は次のとおり、三つの種類に分けて紹介されていました。

①対人の格闘技（五競技）——柔道、ボクシング、フェンシング、テコンドー、レスリング
②記録や着順を競う競技（一三競技）——陸上競技、水泳、自転車、馬術、体操、近代五種競技、射撃、アーチェリー、カヌー、ボート、セイリング、トライアスロン、ウエイトリフティング
③得点を競う球技（一〇競技）——野球、卓球、テニス、バドミントン、バレーボール、バスケットボール、サッカー、ハンドボール、ホッケー、ソフトボール

ここに掲げたスポーツはとくにオリンピック種目と呼ばれ、国境を越えて多くの実施者を抱えるものばかりです。これ以外にも世界には多種多様なスポーツが存在し、アジア競技大会といった地域別の国際競技大会ではカバディやセパタクローといった、ある特定の国や地方においてのみ実施される民族スポーツも、正式種目として採用されています。わが国の相撲や剣道もこの部類に属するものですが、そうした民族スポーツは私たちがお互いに知らないだけで、世界中には数え切れないほど多くのものが存在し、現実に実施がなされています。

このほか、競技規則の簡易化や運動量の軽減に配慮をしたニュー・スポーツと呼ばれる一群のスポーツがあり、たとえばインディアカやソフト・バレーボールなどのように、既存のスポーツに工夫を加えて小さな子どもからお年寄りまで、誰もが手軽に楽しめる新しい形態のスポーツが日々考案され、とくに各地の市町村で展開される生涯スポーツのプログラムとして盛んに実施されています。もちろん、冬季に氷上や雪上で行われるスポーツのことも忘れてはなりません。

このように見てくると、この地球上に存在するスポーツをすべてにわたって漏れなくリストアップすることは、到底できるものでないことが分かります。こうしたスポーツ種目の数と種類の多さはそのまま、それらを一元的な尺度から分類して提示する作業をほとんど不可能にしてしまいます。右ではある観点から二八のオリンピック種目が三つのグループに分けられているのですが、別の異なる観点を導入すればまた別の、まったくちがった分類が可能となり、この種の作業が最終的な形でその決着を見ることは永遠にないように思われます。

これはたとえば机というものを定義しようとして、脚が四本のもの、二本のもの、あるいは脚そのものがなくて平らな側板だけから出来ているものというふうに、現実にはさまざまな机があることを知って、途方に暮れてしまうのとよく似ています。この場合、いろいろな形をした机に共通して備わる、本質的な属性に即して考えてみるとどうなるでしょうか。すると机とは天板を備えた物体で、その上に物を置いて仕事ができるよう人間がこしらえたもの、というふうになるでしょう。事物を抽象化して捉えることのできる人間の能力は、机に備わるこうした本質的属性を一瞬のうちに見抜いてしまいます。そのお陰で私たちがある特定の物体を目の前にしたとき、二本脚であっても脚そのものがなくても、それを指して机と呼ぶことができるのです。

スポーツについても同じことがいえます。先のオリンピック競技リストの最初にある柔道と、最後に名を連ねるソフトボールを外見だけで比較した場合、私たちは両者に共通する特徴をほとんど見出すことができません。アーチェリーと比べてみるとなおさらです。このように極めて多種多様な形態をとるスポーツを、それでも一括して私たちがスポーツと呼べるのはなぜでしょうか。それは右に示した机の例と同様、陸上で行われるか水上で行われるか、素手で戦われるか道具を用いて戦われるか、個人で争われるか集団で争われるか、あるいは接触プレーがあるかないかといった、それぞれのスポーツを成立させている見かけの要素はいったん無視し、その総体に共通してうかがわれる本質的な属性を、私たちに備わる抽象化の能力を介して見抜いているからです。その共通の属性は何かといえば、先に述べた意味での「遊び」であり、また「競争」であるとすることができます。このことについては、スポーツについて下される定義を見ていくとよく分かります。

【3】……ICSSPEのスポーツ定義

国際オリンピック委員会（IOC）からパートナー組織としての資格が認められた団体の一つに、ICSSPE（国際体育スポーツ科学評議会）があります。これはもともと一九五八年にICSPE（国際体育スポーツ評議会）という名のもとにパリにおいて設立された組織ですが、一九八二年になって体育やスポーツの現場とスポーツ科学の間にうかがわれるギャップの大きいことに鑑み、両者をより密接に関連づけた上でいずれの発展をも促そうという考えのもと、ICSPEにさらに「科学」のSが加えられて現在の名称となったものです。このICSSPEはそのICSPE時代の一九六四年、すなわちアジアではじめて開催された第一八回東京オリンピック大会が閉幕したその翌日に総会を開き、『スポーツ宣言』という文書について審議をしてこれを採択しました。この『スポーツ宣言』は、もともとフランス政府のスポーツ局に設けられた「スポーツ・ドクトリン委員会」（その座長は往年の名テニス選手ジャン・ボロトラ）が作成した報告書をICSPEが抜粋的にまとめたもので、そこではとくに東京オリンピックのころから表面化するにいたった勝利至上主義やドーピングといった問題がもたらす深刻な事態への憂慮が表明され、あるべきスポーツの姿が熱をこめて論じられています。たとえば、そこには次のような一節を見ることができます。

「スポーツは楽しさと誠実さの雰囲気のなかで、人と人との出会いを促す。この活動を通じて人びとは互いを知り合い、互いを尊重し合うようになる。そうして人びとは連帯の意識に目覚めるとともに、高貴で無私の行いを愛するようになる。このようにしてスポーツは人びとが備え持つ友愛の概念に、さらに新たな広がりを与えるのである」。

あるいはまた、

「このようにしてスポーツの集団は、一つの家族を形づくる。そこで一人ひとりが見出す共感と温かい人間味こそは、またスポーツの競技を通して生み出される友愛の情こそは、この家族の結束を高める秘密の素材である」。

果たしてスポーツとはそういうものであるのかどうか、私はよく承知していません。そうであるかも知れないし、そうでないかも知れない、といったところでしょうか。もちろんこれはスポーツのあるべき理想について述べたもので、その定義をしているわけではありません。ここにいわれることとは真っ向から対立する具体的な事例を日常レベルで私たちはいくつも手にすることができますし、またそれ以上に、この『スポーツ宣言』が採択された一九六四年当時と比べて、スポーツをしたり観たりする人の数は圧倒的に増えたにもかかわらず、世界は家族的なまとまりを示すどころか、依然として各地に紛争や戦争が絶えないままです。そしてむしろ、世界が常にそういう状況にあるからこそ、こうした理想論の表明に意味があるといえるのかも知れません。

そうした理念的性格を色濃く前面に押し出す『スポーツ宣言』ですが、そこには次のような、スポーツについての極めて簡にして要を得た定義を見出すことができます。

「スポーツとは遊びの性格をもち、他人との競争もしくは自己との闘いという形態を取るすべての身体活動をいう」。

ここでは「遊び」と「競争」が、スポーツをスポーツとして成立させる本質的な属性とされています。そこに理念的な要素は何ひとつうかがわれず、私はこれを、いわゆる社会科学的な客観性を備え持つ、すぐれたスポーツの定義であると考えています。

このうちの「競争」については、改めて事細かな説明は必要としないでしょう。たとえば『公認野球規則』の冒頭に「各チームは、相手チームより多くの得点を記録して、勝つことを目的とする」と書かれているように、スポーツとは何よりも勝ち負けを競い合う身体活動、あるいは勝つことを目的として行われる身体活動です。もちろん勝つか負けるかは、やってみなければわかりません。しかしたとえ負けることが明らかな場合でも、少なくとも当事者は勝とうとして、つまり勝つために必要なルール的要件を満たそうとして、個々のスポーツ局面に臨んでいるはずです。仮にそうした努力をまったくしない人――たとえば一〇〇メートル競走を最初からわざとゆっくり歩き通す人、サッカーの試合で意図的にオウンゴールを決める人、ソフトボールで故意にミスばかりを重ねる人、等々がいるとすれば、その不誠実をなじるチームメイトによって、おそらく競技場の外に追い出されてしまうことでしょう。

スポーツを古い語源にまでさかのぼり、たとえばラテン語のデポルターレや中世フランス語のデポールの意味を調べても、「遊び」はともかく、そこに「競争」という意味は見出せません。しかしそれは大きな問題でなく、この場合、言語学者のソシュールが指摘するとおり、言葉に関しては共時態的理解（ある歴史的時点における言葉の関係性）が通時態的理解（言葉の意味の歴史的な変遷）に優先することを思い起こせば十分です。私たちは現在という時点での、日本語という言語体系のなかでスポーツという語が占める関係的位置を確認しているのであって、こうしてスポーツとはまず何よりも、勝ち負けを必須の要素として備え持つ身体活動としてあり、それを抜きにしてこの活動のことは考えられません。競争を本質的な属性としない身体活動はスポーツ以外の別の言葉で呼ばれればよく、また現実にそうなっています。そうした活動は一括して「運動」と称されることもあれば、また個別に、ラジオ体操、健康体操、あるいはヨガ、ダンス、トリム、フィットネス、エアロビクスというふうに呼ばれているとおりです。

上に見たＩＣＳＰＥの定義では、「競争」と「遊び」に加えて「自己との闘い」も、スポーツを成立させる要素の一つに数えられています。これはおそらく、登山のような身体活動があることを意識して、そうされているのでしょう。隣り合った二人が直接「競争」を展開するわけではないが、それを行うに当たっては一定の頑張りをみずからに強いる身体活動、といったようなものです。この登山をスポーツの一つに数えるかどうかは別にして、どのようなスポーツであれ、苦しさを乗り越えるといった意味での「自己との闘い」という要素は常にもっており、スポーツ選手自身、専門とする種目のちがいはあれ、互いの力が拮抗した苦しい戦いの場面で、よくそうしたことを口にします。この場合、それは競争を成功裏に進めるために必要な内心の状態、ある種の精神的な構えを指すものであり、競争に付随する一つの下位的な要件と考えておいてよいでしょう。

そのことに加えて、登山という身体活動にも、他人との競争が見られないわけではありません。未踏峰に誰が最初に登ったかは登山家の間では重要な問題であり、それは必ずしも直接的にではないが、登頂にかかわる時間的な前後の差異を、他人との間で競っていることに変わりはありません。また今日の登山では、どのくらい短い時間で登ったかのスピード競争や、一人で数千メートル級の山にいくつ登ったか、その際、酸素ボンベを用いたか用いなかったかといった要素も、比較の対象として競われています。とすれば、「自己との闘い」とされる登山にも「他人との競争」という要素が認められるわけで、その証拠に、わが国で毎年開催される国民体育大会においてもこの登山は競技種目の一つに数えられ、登攀や縦走その他に関するいくつかの決められた事項に基づいて得点化が図られ、各人の間で比較がなされ、誰を勝者とするかが決められています。

ここで『広辞苑』にあるスポーツの定義を見ておきますと、「陸上競技・野球・テニス・水泳・ボートレースなどから登山・狩猟に至るまで、遊戯・競争・肉体的鍛錬の要素を含む身体運動の総称」とあります。この辞書でも『スポーツ宣言』と同様、遊びと競争が基本の属性として挙げられていますが、三番目にある「肉体的鍛錬」という要素についていえば、その鍛錬の程度というのは「競争」の技術的レベルに応じて無限の幅をもつもので、仮にそれを一〇〇パーセント近く欠く人が試合に臨んでも、たとえば社内旅行の宿泊先などで浴衣姿で行われる卓球のように、現実にスポーツというものは成立します。それゆえこの辞書でも結果的に「遊戯」と「競争」とが、スポーツをスポーツとして成立させる本質的な属性とされていることになります。

もう一つの例として、フランスの代表的な辞典『ロベール』にあるスポーツの定義を見ておくことにしましょう。そこでスポーツは次のようにいわれています――「遊び、競争、頑張りの意味において行われる身体活動のことで、その実施に当たっては体系だった練習や、一定の規則や規律の遵守が必要とされる」。

ここでも遊びと競争がスポーツを成立させる属性とされています。その次にある「頑張り」は、『スポーツ宣言』の定義にある「自己との闘い」と同じ意味合いのものと考えられますし、また最後にある規則や規律の遵守は、競争が競争として成立するための、むしろ前提となる条件です。スポーツはたしかに規則や規律の遵守を必要とするのですが、そのことをもってスポーツに固有の特性とすることはできません。それは車の運転や企業の活動など、法治主義や契約主義に支配される現代社会の、ほとんどあらゆる領域に共通して見られる、ごく一般的な事象にすぎないからです。

最後に、かつて『新解さんの謎』という本で一躍有名になった『新明解国語辞典』（三省堂）にあるスポーツの定義を見ておきますと、「日常の仕事を離れて楽しむ、諸種の運動・球技や登山など」と説明されています。

この国語辞典でもスポーツは遊びとされているのですが、しかしその遊びは、「日常の仕事を離れて」する遊びを指しています。私たちが日常生活のなかで時に挨拶代わりのようにして交わす言葉、「何かスポーツをやっていますか？」では、たしかにスポーツはそうした意味合いにおいて用いられています。しかし今日の社会で私たちが目にするスポーツは、そのすべてが「日常の仕事を離れて楽しむ」ものばかりといえず、プロのスポーツ選手にとって野球やサッカーやゴルフといった球技は、あくまでも仕事として存在しています。そうした彼らの職業活動を含めて私たちはスポーツと呼んでおり、このことはそのまま、オリンピックや世界選手権に出場するハイレベルの陸上競技や水泳競技の選手についてもいうことができます。彼らもいろんな企業とプロ選手としての契約を結んで生活に必要な俸給を得ており、その多くは世間でいわれる「仕事」というものに従事しておらず、それぞれのスポーツにおいて一定の成績をあげることが仕事となっています。したがって「仕事を離れて楽しむ」活動がスポーツだとするのは、アマチュア規定の厳しかった時代はともかくとして、現時点における日本語体系のなかではかなり意味的に限定された見方であるといわざるを得ません。カイヨワもこう述べています。

「遊びのプロも遊びの活動の本質を少しも変えはしない。たしかに彼は遊んでいるとは言えない。彼は仕事をしているわけだ。運動選手や俳優は、報酬と引きかえに遊びをするプロであり、楽しみしか期待していないアマチュアではないとしても、競争あるいは遊戯の本質は変わりはしない。（プロとアマとの）差異は、ただそれを行う人間だけに関わることなのである」（『遊びと人間』）。

スポーツが遊びであるからといって、仕事にならないという理由はどこにもありません。現代社会では遊びも、一つの仕事として立派に成立します。本質的にはやってもやらなくてもよいことながら、それは情熱を傾ける対象ともなり、また生活の糧を得るための仕事ともなるのです。

【4】……遊び――やってもやらなくてもよいもの

次に、その遊びについて考えてみることにしましょう。

国語辞典で「遊び」の項目を引くと、たいていの場合、まず「遊ぶこと」とあり、次いで大人がするあまり芳しくない性格の行為、たとえば酒色や博打《ばくち》にふけること、といった説明が出てきます。これによってまず、「遊び」というものが日本社会においてどのような目で見られてきたのか、あるいは現に見られているのかをよく理解することができます。とくに「遊び人」という言い方にはそのような見方が凝縮されていて、それが暗黙裡に意味するところを一言で言い表せば、遊びとは「やらなくてもよい」活動ということになります。

この場合、「やらなくてもよい」というのは、国語辞典に例示される遊びが酒色や博打といった、社会的にマイナスの価値をもつとされるものだからです。それでは、耽溺の対象が音楽や文学や絵画であればどうなるでしょうか。こちらの場合、やらなくてもよい活動だと即座に決めつけることはできません。もちろん、やってもよいことです。しかしどこまでも考えをめぐらせていくと、それらをやらなくても社会や個人がとくに困ることはない、という意味においては、やはり、やらなくてもよい活動だということになります。そうした個々の活動について社会が下す価値判断や好き嫌いの感情をすべて度外視すれば、「遊び」というものは総じて、たとえば酒色にふけるにせよ文芸上の創作に励むにせよ、つまるところ、やってもやらなくてもよい活動だということになります。

こうした遊びのもつ性格を理解するために、言葉遊びというものを例にとって考えてみることにしましょう。運動遊びと並んで遊びの双璧を形づくる、もう一方の柱となるのが言葉遊びですが、私は過去にその好例として、作家の北杜夫氏が著した随筆集のなかに次のような英文を見つけました——

MR. JOCK, TV QUIZ PHD., BAGS FEW LYNX.

あるアメリカ人の作になるというこの文の意味は、「テレビ・クイズ博士のジョック氏は山猫を捕まえない」とでもなるでしょうか。わが国の「いろは歌」にも似たこの英文は、誰もが容易に思いついたり、即座につくり出したりできる筋合いのものではありません。アルファベットのAからZまでを一つずつ、漏れなく配して合計二十六文字からなるこの文章は、英文法の規範から微塵も外れることなく、たとえ「いろは歌」との比較では重厚さにおいてかなり見劣りはするものの、それなりの完結した意味を立派にもっています。

この文章をこしらえたアメリカ人は、完成までに一週間も二週間も時間をかけたことでしょう。あるいはそれ以上であったかも知れません。これ以外に同種の英文があるのかどうか、私は寡聞にして知るところではありませんが、ともあれこうした文をつくり上げるには、それ相応の意志と教養と、手間と時間とが要求されます。苦労に苦労を重ねて完成文が得られるのですが、しかしそれがいったい、何かの役に立つのかといえば、そのようなことはまったくありません。結局のところ、こうした言葉遊び文をつくることは、それをやってもよいし、やらなくてもよい。やらなくても、社会は一向に困ることがありません。

しかし人間というのはそうして、やってもやらなくてもよいことに情熱を燃やして立ち向かうものなのです。わが国に古来よりある無数の回文、謎々、地口、あるいは和歌や俳句などもそうで、およそ言語をもつ民族である限り、こうした実利と無関係な言葉遊びと無縁にはありません。客観的に見ればやってもやらなくてもよいことながら、それに人間は確たる意志をもって、また明確な価値を見出して取り組んできたのです。そのため時には生活の全体が、さらには生命そのものさえ犠牲にされることもあり、そうした事情については文学や音楽や絵画の、すなわち人間文化の創造にまつわる歴史を少しばかり振り返るだけで、十分に理解が得られるところでしょう。

そしてまたスポーツもこれとまったく同じ意味合いにおいて、遊びであり文化であるということができます。実際、少し考えてみれば分かることですが、苦労してボールを運んでバスケットのなかに投げ入れたところで、あるいはネットが張られた四角い空間のなかにボールを蹴り入れたところで、それでいったい何になるのでしょうか。一〇〇メートルを九秒で走ろうが一〇秒で走ろうが、究極のところ、それがいったい何かの役に立つのでしょうか。

それでも人間はスポーツをするのです。そこにも言葉遊びと同様、一定の価値観に支えられた、確たる意志というものが存在します。それはすべての文化的活動に共通していえることですが、しかしその確たる意志とはいったい、どのようなところから生まれてくるのでしょうか。ここにおいて私たちはソシュールが提唱した、ランガージュという概念に行き着くことになります。

【5】……スポーツ――「過剰としての文化」

動物たちは人間とちがって、本能の命ずるままに充足と不足の世界を生きています。犬や狸はひどい近視だといいますが、彼らは今よりもよく見える目をもちたいとは思っていないでしょう。今日は昨日よりも速く走りたいとか、明日はもっとよい結果を残したいとか願うこともないでしょう。無限の連続幅をもつ価値のある部分を切り取って「よい」とか「よりよい」とかいえるのは、あるいは、途切れることなく流れる時間を区切って昨日、今日、明日といえるのは、その切り取りや区切りを可能にする言葉というものを、私たち人間が所有しているからです。言葉をもたない動物には、昨日何があったとか、明日はこうありたいとかいった考えを結ぶことができません。それはすべて高度に抽象的な思考を介してのことで、それを人間に可能にさせるのが言葉であるというのが、ソシュールによって打ち出された考え方です。

《実態概念から関係概念へ》という視座を提唱して現代の社会諸科学に根本的なパラダイム転換を迫ったソシュールは、概念的および抽象的な思考を可能にする人間特有の普遍的なシンボル化能力を指して、これをランガージュと名づけました。これは歩いたり走ったりする、ある年齢に達すれば自然に備わる身体的能力とは根本的に性格を異にした、人間が営む社会生活や言語生活のなかでしか現れることのない潜在的能力を指しています。進化の過程で脳の爆発的な増大を経験した人間は、その結果としてランガージュという能力を獲得し、それによって他の動物とは異なる道を歩むことになりました。このランガージュこそが人間を本能から切り離し、自然のプログラムにはなかった文化というものを生み出させることになったのです。少し長くなりますが、ソシュール研究家である丸山圭三郎氏の言葉を引いて、その辺りの理解を図ることにしましょう。

「ヒトがホモ・ファベルでありホモ・サピエンスであるためには、まずホモ・ロクエンスである必要があったし、ランガージュの所有は、その抽象性・象徴性によって、良くも悪しくも一切の文化的営為を可能にせしめた。（……）。ヒトは、ホモ・ファベル以前にホモ・ロクエンスであったと考えなければ、道具作製能力は説明できないであろう。人間が作り出した道具一切は、果たして不足を補うための補完物だったのであろうか。人間がそれまで有していた身体的能力を失ったために、その代用物として作られたものであろうか。絶対にそうではない。ヒトはランガージュをもったために時間・空間において身体の生物学的限界をはみ出す思考が可能になり、記憶による過去をもち、予見・計画に基づいて未来の行動をイメージすることが可能となって欲望《デジール》が生まれた。如何なる欲望か。それは自然のプログラムを超える欲望である。自然に与えられた手よりも長い手、自然に与えられた足より速い足、自然に与えられた目より遠くが見える目が欲しくなった。そこでヒトはまず『幻の手』として槍や弓矢、ハンマーなどを作る。最初は馬などを乗りこなすことによって『第二の足』となし、のちには舟や車、さらには汽車、電車、飛行機まで作るようになる。欲望《デジール》は限りなくひろがり、『魔法の目』として望遠鏡や顕微鏡が作られた。さまざまな武器が作られ今や核兵器まで登場している。いかなる道具も、生理的欲求《ブゾワン》を満たすために作られたのではなく、すべてランガージュによって生じた欲望《デジール》の産物なのである」（『ソシュールを読む』）。

ここにいわれるとおり、人間はそれまでもっていた身体的能力を失ったためにホモ・ファベル（工作人）となって、いろんな道具をつくり出したのではありません。その前に言葉を得てまずホモ・ロクエンス（言語人）となり、そうして抽象的思考を可能にし欲望《デジール》を生み出す源であるランガージュを手にしたことで、人間は好むと好まざるとにかかわらずホモ・ファベルへの道を歩み出し、道具をつくらざるを得なかったのです。こうしてランガージュは必然的に、丸山圭三郎氏がいう「過剰としての文化」を生み出すことになります。ここにいわれる「過剰」とは何でしょうか。――それはやってもやらなくてもよいことであり、道具をつくることもそうですが、やはり遊びやスポーツをその典型的な例として挙げることができます。たとえばあるスポーツ・バイオメカニクスの専門家は次のように述べています。

「スポーツとは大げさに言えば、人類の可能性を広げる活動です。例えば一〇〇メートル走でもマラソンでも、選手たちは人間の限界といわれていたタイムを破って、次々と記録を打ち立てていきます。スポーツの歴史とは、限界の壁を越える歴史の積み重ねなのです」。

ここではスポーツが何か特殊なもののように扱われていますが、それは結局、およそ文化と呼ばれて然るべき活動、つまりランガージュに支配された活動すべてに共通していえることです。科学の世界における発見や発明も、芸術の世界における新技法の開発も、そのすべては「限界の壁を越える歴史」のひとコマを構成するもので、スポーツにおける新記録の樹立と同様、「予見・計画に基づいて未来の行動をイメージすること」が可能となって生まれた欲望《デジール》の産物にほかなりません。こうしてホモ・ロクエンス（言語人）はホモ・ファベル（工作人）以外にホモ・ルーデンス（遊戯人）ともホモ・スポルティヴス（スポーツ人）ともなり、自然のプログラムにはない遊びの文化、スポーツの文化を形成するにいたったのです。古代ギリシャの科学者たちが奴隷たちの労力を軽減してやるために新しい機械を発明したのでなかったのと同じ意味合いにおいて、現代社会で次々と新しい記録を打ち立てるスポーツ選手も、生物種としてのヒトの身体能力を改善してやろうと願ってそうしているのではありません。「良くも悪しくも一切の文化的営為を可能にせしめた」ランガージュにより、好むと好まざるとにかかわらず、そうするよう人間が強いられたことの結果といえるのです。

ソシュールの説では、このランガージュによって事物や行為はさらに記号化の方向をたどります。その結果、事物や行為は、それがもつ本来的な有用性、すなわち現実の使用価値以上に、あるシステムのなかで機能する象徴価値や交換価値によってその存在の意味を主張することになります。高級自動車はそれが備える実用性以上に、一つの社会的ステイタスのシンボルとして機能しており、人はそのシンボルを得たいために高級自動車を買うのであって、これこれの具体的な実態的価値をその自動車が備えるから、というのではありません。もちろん内装がよいとかエンジン音が静かだということはあるでしょうが、それでも高価な自動車だからといって空を飛ぶわけではありませんから、やはり高級車は大衆車で「ない」ところにその本質的な意味をもっています。これは何も現代社会だけに限って見られる特異な現象でなく、極めて動きにくい衣服を着て歩きにくい木靴をはいた平安時代の貴族もランガージュを手にしていた以上、そうしたものを身につけることで、みずからが労働とは縁遠い世界の人間であることを記号的に主張していたのです。同じく今日の社会で高級ブランドのバッグが人気を集めるのは、それが他のバッグと比べて実用性において勝るからというより、他のバッグとのちがいをそのブランドによって主張できるからにほかなりません。記号と化したモノやコトは実態でなく関係としてのシステム、つまりは他のモノやコトとはちがうという関係性においてこそ、その意味をもつようになります。そこではモノやコトはそれ自体としてでなく、別のモノやコトで「ない」という消極的な形においてしか定義されません。「Aはこれこれのもの」というのでなく、「AはBやCでないもの」という仕方で、モノやコトの意味や価値が認識されるということです。

マラソンの選手も、ゴールまで二時間と少しで走ることの実用性において優れているのではありません。マラソンという競争システムのなかで機能する象徴価値、すなわち誰は誰よりも速く走れるという関係性においてこそ優れているのです。同様に、金メダルが銀メダルより優れているのは競われたパフォーマンスにうかがわれる絶対的な差以上に、何よりもそれが金メダルであって銀メダルではないという事実に基づいています。これと同じ関係性のなかで、銀メダルを獲得した選手は、たとえその競技で自己ベストの記録を出したとしても、金メダルでなければ二位も最下位も同じだといって落胆の色を露わにすることがよくあります。同じランガージュに支配される私たち観戦者にもそうした選手の関係性認識は痛いほどよく理解できるもので、同じように悔しがったり、同情の念を寄せたりします。《実態概念から関係概念へ》というソシュールの構造主義的な視点はスポーツにもそのまま通用するもので、絵画や音楽や文学と同様、「過剰としての文化」であるスポーツも、ランガージュの支配から逃れることはできません。

スポーツルールが担う最終の機能として本書が提示する《面白さの保障》にしても、それ自体としては意味のない形式の良し悪しをめぐる不断にして終わりのない差違追求の営みにほかならず、そこにもランガージュの働きを見ないわけにはいきません。あるいはオリンピックの標語である「より速く、より高く、より強く」は、まさにランガージュによって導かれる《関係概念》の、いわば象徴的存在とでもいえるものです。

スポーツそのものは遊びと同様、何をも生み出さない非生産的な活動ですが、そこでは厳格な順位づけによる関係性が重視されることから、トップの成績を収めた選手には稀少性という経済的価値が生まれます。この稀少性は市場の原理によって貨幣価値に換算され、その結果、シンボル化したスポーツ選手は企業の広告媒体となって多額の報酬を得ることになります。象徴価値を獲得した選手がかかわることで商品のブランド価値はいっそう増大し、人間固有の能力であるランガージュが可能にするシンボル化現象の再生産が図られていくことになります。ただ、こうしたスポーツの社会経済的な問題はもはや本書の枠組みから大きく外れることになるので他の専門書に譲ることとし、最後に改めてルールという視点に立ち返って、以上のような性格のものとしてあるスポーツの、社会におけるあり方について若干の検討を加えることにします。

2 スポーツにおける遵法

【1】……ルールは疑ってはならないか？

スポーツの世界ではよく、ルールは疑ってはならないという取り決めによって成立しているものであるから、それを自発的に守ることが大切である、といったようなことがいわれます。本当にそうでしょうか。

すぐ前にも述べたように、それ自体としては意味のない形式の良し悪しをめぐる不断にして終わりのない差違追求の営みを経て、スポーツに《面白さ》が保障されます。そのためにスポーツ連盟のルール管理者は常にある種の疑いの眼でもって、それぞれのルールが定める形式の意味を、選手が競技場で見せる戦術や技術との関係において監視しています。それゆえスポーツのルールは疑ってはならないのでなく、《面白さの保障》という観点からすれば、むしろ常に疑われていなければならない存在としてあるということができます。

これはとくにスポーツルールに限った話ではありません。社会の法律についてもいえることで、経済学史家の内田義彦氏は次のように書いています。

「人間は社会を構成しているものですから、ルールがたしかに要ります。ルールには強制力が伴う。これは避けられないと思いますが、ルールが、またそれを強制する国家が、正しいという保証はどこにもない。歴史上あった、また現にあるルールとか国家は自明のものではない。自己目的でもない。自明なものは生きている人間諸個人なのであって、ルールや国家はそのためにこそある。(……)制度、社会主義を含めて制度それ自体は、けっして自己目的ではない。ルールの存在根拠を人間の側で問うてゆくということがなければ、社会科学は生きてこないでしょう。主体としての自覚があって客観的認識の端緒が出ると言いましたけれども、ルールを問う存在でないと主体ともいえないし、制度を論理的に解明する学問でなければ社会科学的認識ともいえない」(『社会認識の歩み』)。

この内田氏の言葉にあるように、法もスポーツルールも、疑ってはならないものではありません。疑ってはならないという取り決めも、アプリオリには存在しません。とくに当事者の技術や戦術のレベルが前提となって中身が決められるのでなければ意味のないスポーツルールの場合、むしろその一つひとつが疑われて然るべきものとして、はじめからあるといえます。

前の章でも少し触れたように、オフサイドルールの一種であるタッチネットがバレーボールになければ、故意にネットを押し下げて味方のボールを通過させるといった行為が一般化している可能性は大いにあります。そのことを理解した上で中学生がバレーボールをしたとき、連盟公認のルールブックにいうタッチネット解釈をそのまま持ち込まずともゲームはきちんと成り立つし、《面白さの保障》にさしたる支障も生じないということになれば、自分たちのゲームではこういう場合にだけこのルールを適用することに決めよう、というふうになるかも知れません。これが真の意味でのルール理解であり、そのようにスポーツルールに関する「合意」を新たにつくり直していくのが、内田氏のいう「ルールの存在根拠を人間の側で問うてゆく」ことにほかなりません。もちろん中学生といえども、技術レベルによっては公式ルールをそのまま採用した方がよい場合もあるでしょう。しかしそのときも、ルールがつくられるに当たって存在した「合意」を、改めて確認し直す作業を欠くことがあってはなりません。ルールの中身に加えてその存在理由を理解の中心に据えるのであれば、国家と同様、やはり「正しいという保証はどこにもない」スポーツ連盟という一民間団体が、何らかの客観的真理でなく関係者の主観や力関係によって定めたルールを、学校や生涯スポーツの場でそのまま採用しなければならない理由は基本的にないことになります。

私たちはなぜ法を守るのでしょうか。それは法のよしとする正義、その正義をよしとするイデオロギーに私たちが同意を示すからです。《汝、殺スナカレ》という正義は私たちの人間関係を律するに値すると考えられるため私たちはそれに従うのであって、刑法にこれこれの規定があるからそうする、というのではありません。この場合、規範としての刑法は当該の正義を実現するための一つの手段にすぎず、それ自体が目的としてあるのではありません。それゆえ仮に正義に抵触すると思われる法が制定されれば、その立法趣旨に疑念を投げかけ違憲立法としての審査を裁判所に請求することも、私たちの重要な権利と義務の一部を構成します。それが民主主義であり、その制度を維持しようとする人間に認められる、と同時に期待される態度だということができます。《ルールだから守る》のだと、ただそのように頭から教え込まれ、またみずからもそうだと信じて疑わない人は、たしかに社会にあっては幸せな存在といえるかも知れません。なぜなら人間の苦しみとか悲しみとかいうのは、一つには既存の秩序や社会習慣を疑いの目で眺め、そこからの食《は》み出し覚悟でわが道を歩もうとするとき、あるいはその食み出しの断念を迫られるときに生まれるものだからです。たとえルールは疑ってはならないにしても、なぜ疑ってはならないかの根本的認識を得ることが先決問題としてあり、それはそのまま、社会生活を支配する各種法律の遵守にも通じます。逆にその認識を欠けば、気に入らない法やルールはすべてこれを無視するといった暴走行為も生じかねません。スポーツを軸とした教育はそうしたルール認識を得させる可能性を基本的に秘めているのですが、それがこれまで、物事を疑い自分の頭で主体的に考え、しかるべき結論を下して一定の行動に出るといった社会的人間の育成に貢献してきたかといえば、あまり肯定的な結論は下せないようです。とくにルールの「なぜ」でなく、「なに」にばかり目を向けてきたこれまでのスポーツ教育や指導のあり方を考えるとき、そのようにいわざるを得ないようです。

【2】……ルール破り——暴力とドーピング

ⓐ　暴力と配分的正義

スポーツは平和な戦いといわれたりしますが、たしかにそういう一面をもっています。前の章でも述べたとおり、あらゆる競技は配分的正義に即してその進行が図られるもので、この点からもスポーツは、戦争や暴力団どうしの抗争などとは根本的に性格を異にしています。

配分的正義とは《等しくない者を等しくなく扱え》と命じる秩序原則ですが、戦争や暴力団の抗争では「配分的正義に類する論理」、つまり《等しくない者は等しくない》というだけの論理が戦いにおける当事者の行動や関係を決定し、持てる者と持たざる者との客観的な物力の差がそのまま争いの場に持ち込まれます。もちろん、だからといって常に持たざる者が敗れ去るとは限りませんが、要するに対等の条件における戦いなど、当初から当事者それぞれの眼中にはないということです。敵が弓でくればこちらは鉄砲、向こうが鉄砲なら当方は大砲、といった具合です。そしてこの種の戦いはいったん終結を見ると「平均的正義に類する論理」、つまり「勝てば官軍」式の有無を言わさぬ貸し借り清算の論理で事後処理が図られ、またその論理に基づいて当事者どうしの関係が律せられます。こうして多くの場合、戦いが終われば敗者は勝者から制裁を受け、さらには従属を強いられます。そうした制裁と従属はいうまでもなく、そのまま勝者の利益につながります。

一方、スポーツの場合、その戦いは常に配分的正義に厳然と支配されて進行します。そこでは対等の条件が保証され、違反があったと認められれば、必ずや罰則が適用されます。たとえば第二次大戦後の東西冷戦構造に支配された時代にスポーツはよく「代理戦争」と呼ばれ、時には国家の威信をかけた剥き出しの勝利至上主義が選手やチームの間に見られたこともあって、人びとはそうした対戦をただのスポーツ的優劣を決めるための競争でなく、その域をはるかに飛び超えてしまった政治的闘争とみなして、現代スポーツの危機を論じ合ったものでした。しかしながら、そのように、たとえ背後に各種の政治的思惑を色濃く秘めたスポーツ対戦であっても、ルールが定める形式をもってはじめてその意味を主張できるのがスポーツというものである限り、そこでは配分的正義がすべてを取り仕切ることになります。換言すれば、どういう手続きを経て勝者が勝者となるのかを定めたルールに従って勝ちを制するのでなければ、あらゆる行為が無意味なものに留まらざるを得ない限り、いかに内心においては無法の者であっても、スポーツの場では配分的正義に道を譲らざるを得ません。こうしてたとえ強烈なナショナリズムや敵対意識に支えられたスポーツのゲームであっても、そこで競技の形式そのものの破壊が行われるわけではありません。人を魅了するファインプレーひとつを取り上げても、代理戦争的なスポーツではそれが見られないなどとは誰にもいうことができず、そのような全力を尽くしての素晴らしいプレーは試合後の当人にかかわる政治経済的な価値評価にダイレクトに影響するから生まれるのだともいえますが、そうした計算をする以前に、配分的正義の支配する場で選手は無意識のうちにそれをやってのける、といった方が当たっているでしょう。

一般的にいって、競技中に暴力行為や逸脱行為があったとしても、ただそれだけでスポーツの競技が異質の何かに姿を変えてしまうわけではありません。たしかに近年、選手や観客による暴力事件が競技場で頻繁に見られるようになり、それが青少年に与える影響を考えるとまことに憂慮すべき事態といえます。しかし競技ルールはそうした違法行為の出現を当初から予想しており、それには必ず罰則が適用され、競技における秩序は最終的に維持されることになります。たとえばバスケットボールの競技規則には二〇〇五年から「ファイティング」という新しい概念が登場し、「ゲーム中、両チームのプレイヤー、交代要員、コーチ、アシスタント・コーチ、チーム関係者の間で暴力行為が起こることがある」として暴力の発生を予測した上で、「失格・退場」といった厳しい罰則規定を用意しています。そしてルールの強いる形式や秩序がすべて無視されたとしても、それ以前の問題として競技そのものが続行不能となるか、または続行することの意味が失われてしまい、中断という事態が招かれるだけです。一九三六年に開催されたベルリン・オリンピックはスポーツが政治的に利用された典型的な例とされますが、そこで優勝した米国黒人選手との握手を総統ヒットラーは表彰式でたしかに拒みはしたものの、自国の選手たちにルール破りをせよとかいった命令は断じて下しませんでした。

ある競技がスポーツ以外の目的や意味を背後に抱えても、少なくとも勝ちたいと願う選手たちによってその競技が争われる限り、ルールがよしとする正義と秩序は最終的に守られることになります。選手がどういう意図のもとに競技場でプレーをするとしても、ルールの定めるところに従って勝ちを制するのでなければ、何の意味もなさないからです。

この暴力との関連において、前に少し触れた違法性阻却事由という法律的概念が意味するところを、ここで再度、確認しておく必要があります。刑法にいう違法性阻却事由を構成するのがスポーツであり、ルールに支配されるスポーツ競技において発生した加害行為は、法律で罰しないということを意味しています。刑法という法律はこのように、スポーツの場で加害行為が起きる可能性をあらかじめ想定しているのですが、そのことを選手の側から見れば、そうした加害行為に出くわす危険のあることに彼らもあらかじめ法的なレベルで同意をして、スポーツに参加をしているということになります。そのように考えれば、蹴ったとか蹴られたとか、ぶつかったとかぶつかられたとかいっていちいち暴力沙汰のケンカ騒ぎを起こすのは、みずからも加害行為を犯す身でありながら刑法の当該規定によって守られ現実に法益を得ているという事実を、選手自身がよく理解していないことの表れとすることができます。たとえルールを守っていても加害行為の起きるのがスポーツです。それは刑法という実定法が現実に認めている前提条件でもあり、そのことについて今一度、スポーツにかかわる人びとすべてが認識を新たにする必要があるようです。時にこの暴力は判定を下す審判に向けられることもあり、これについても、審判も人間である限り、どんなに注意を払っても誤審はあり得るという、ごく当然の認識に一人ひとりが再度、立ち返るのでなければなりません。筋骨逞しい大男たちが競技場で繰り広げる幼稚なケンカ騒ぎは、スポーツから《面白さ》を取り去るばかりか、それはめぐりめぐって選手自身の、またスポーツ全体の不利益として跳ね返ってくることとなります。

ⓑ　ドーピングというルール破り

競技場での暴力にはナショナリズムや人種的偏見といった深刻な問題が絡んでいて、近年、まことに憂慮すべき事態を招いていますが、右に見たように、暴力を用いて実効性のあるルール破りが行われることは、結果としてありません。選手が暴力に訴えて何をしたところで、配分的正義がその実効性をことごとく剥ぎ取ってしまうからです。この配分的正義の適用を逃れて、競技の場で現実に効力を発揮する可能性のある唯一のルール破りといえば、それがスポーツ・ドーピングです。

スポーツ・ドーピングの歴史や使用される薬物の種類、また現時点におけるその憂うべき実態や根絶のための対策については専門書に譲ることとし、ここでは『広辞苑』にある次の定義から、その一般的な意味の理解を図ることにしましょう。この辞書はドーピングについて次のように記しています

――「スポーツ選手が運動能力を高めるため、筋肉増強剤・興奮剤・覚醒剤・鎮静剤など薬物を使用する不正行為」である。

ここにいわれるとおり、ドーピングとは何よりもまず「不正行為」です。対等の条件での戦いを頭

から否定するマナー違反の行為として、条理的行為規範と刑法的行為規範がその実行を厳に諫めています。ドーピングは審判の目にも、また観客の目にも触れないという意味において、とりわけ卑劣なルール破りであり、それによって首尾よい結果を競技で収めることができれば、それもまた一つの「完全犯罪」だといわなくてはなりません。こうした悪弊が選手の間に広がれば、スポーツ競技は選手の技術でなく薬物効果を競うものとなり、それによって最も被害を受けるのは、やはりスポーツの《面白さ》にほかなりません。

ところで『広辞苑』が右の定義でいう「運動能力を高めるため」とは、「生産効率を高めるため」と言い換えることができます。そうすると、ドーピングというのはとくにスポーツ選手だけが行うものでなく、いろんな産業界の人びともこれに手を染めていることが分かります。たとえば消費者の健康被害を無視して農作物に大量の化学肥料や農薬を用いるのは生産効率を高めるためのドーピングなのですが、不思議なことに社会はそういいません。あるいは蛋白同化ホルモン、すなわちスポーツ選手と常にセットのようにして紹介される筋肉増強剤をつくり出したのが農業界だということも忘れてはなりません。また牛の肉骨粉からこしらえた飼料を牛自身に与えるのも、生産効率を高めるための稀有なドーピング的手法であり、あのＢＳＥ（牛海綿状脳症）にかかった牛たちは、薬物使用による副作用に苦しむスポーツ選手と何ら変わるところがありません。これは明らかに農業ドーピングと呼ばれて然るべきものです。

そのほか、戦争があるたびに興奮剤系の薬物が兵士たちによって大量に消費される軍事ドーピング、死亡したアメリカの有名なロカビリー歌手を司法解剖した際、肥満やストレスを防ぐための薬物が二百余種類も検出されたという芸能ドーピング、ヨーロッパの長距離トラック運転手が眠気を追い払うために興奮剤系の薬物を使用する運輸ドーピングなどなど、この社会には生産効率を高める目的においてなされる、さまざまな種類のドーピング習慣があります。もちろん、だからといってスポーツ・ドーピングの罪が軽くなるというわけではありませんが、そうした産業界に広く行きわたる薬物使用の習慣を視野の外に置いたまま、スポーツ界に見られる悪弊だけをドーピングと特定してこれを紹介する国語辞書の立場は、すなわち社会一般がドーピングをそのように理解しているということの証《あかし》とも解釈できます。こうして社会の人びとにとってドーピングとは、みずからとは直接にも間接にも関係のない遠い特殊な世界だけに横行する、ごく特殊な悪弊に過ぎないとみなされがちです。

こうした社会一般のドーピング認識は、スポーツの世界におけるドーピング習慣を根絶していく上で、有利に作用するとは思えません。爽やかといわれるスポーツがその爽やかさを社会に持ち込んでこれをよりよい方向に変え、社会に見られる拝金主義や薬物依存の弊を浄化する力となれば大いに喜ばしいのですが、現実にはスポーツの世界が逆に社会に横行する悪弊によって毒され、みずからも同じ道を歩む公算の方が大きいように思われます。実際、人間はスポーツで得た何かを社会に持ち込むというより、社会を支配するより強力な何かをスポーツに持ち込むのではないかと考えるのでなければ、毎年のようにスポーツ界で生じる見苦しい派閥抗争や政府補助金の着服・流用事件、それに不明朗な裏金支給の説明がつきませんし、人種的偏見に基づくあからさまな差別的行為が競技場のなかで見られることの理解も得られません。スポーツ・ドーピングを根絶する運動も、社会一般に見られる悪しきドーピング習慣をなくす努力と対をなして進められるのでなければ、ほとんどその根本的な解決は望めないように思われます。仕事に疲れたらバランスのとれた栄養を摂って早めに休むのがよいことは分かっているのに、テレビの宣伝番組に登場するタレントたちは各種のドリンク剤や錠剤をサラリーマンに勧め、それで疲労の回復が果たせなお仕事がつづけられると言い募ります。これも生産効率の向上（ただし、そうした商品に疲労回復効果が本当にあるとしての話ですが）を狙った一種のドーピングなのですが、同じテレビのニュース解説者はスポーツ・ドーピングの発覚を苦々しい口調で伝えても、日常レベルにおけるそうした安易な薬物依存についてはまったく口を閉ざしたままです。何やらガスの元栓を断たないで火を消すことに大騒ぎをしているような、ある種のブラック・ユーモア的な矛盾を感じないではいられません。

ドーピングに手を染めるスポーツ選手は、カイヨワがいう「ペテン師」であり、またホイジンガがいう「いかさま師」です。そうしたルール破りをする彼らは、かえってほかの誰よりもルールを守っているかのような素振りだけは示します。これは法学者の戒能道孝氏が、かつて皮肉を交えて呼んだところの「徳行の士」にほかなりません。「徳行の士」とは、良質の背広と教養で身を固めて誠実そうな顔だけは見せているものの、実際は陰で悪さをしている背徳者たちのことを指しています。その背徳が暴かれない限り、彼ら「徳行の士」は政治や経済や宗教の世界で立派な紳士として生きることができるのですが、最近では学問の世界においても、他人の論文を盗用するそうした「徳行の士」の存在が明らかになっています。隠れてドーピングをしたり八百長試合に手を貸したりするスポーツ選手もこれとまったく同じ部類の背徳者であり、こうしてスポーツも社会も同じところに根をもつ、実に嘆かわしい問題を等しく抱えています。スポーツ・ドーピングは卑劣極まりないルール破りであり、必ずや根絶されなければならない悪弊です。しかしそれは右に述べたようなことから、社会の人びとにとって遠い世界で起きている、特殊な出来事としてあるのでは決してありません。

【3】……運用停止のルール――野球のベースコーチと特待生

ⓐ　ベースコーチのオフサイドルール

ほとんど例外的な部類に属する事柄ですが、明文の規定を備えながら、その厳格な適用がなされないスポーツのルールがいくつかあります。競技規則のなかのその一つの例が、『公認野球規則』にあるベースコーチに関するルールです。それによると、攻撃側チームは攻撃をしている間、「二人のベースコーチ――一人は一塁近く、他は三塁近く――を所定の位置につかせなければならない」とされます。この規則も技術との関係から、その存在の理由を理解することができます。塁間を全力で駆ける走者には打球が飛んだ位置や守備側の送球の状態をはっきり確認することがむずかしく、進むべきか止まるべきかの判断を容易に下せない場面が多々あります。そのとき、ベースコーチが走者に的確な指示を送ることで緊迫した攻防が約束され、少なくとも拍子抜けしたようなアウトのシーンが生まれるのを回避することができます。ベースコーチがいるお陰で走者には全力でのプレーが可能となり、またこの走者が守備側の隠し球によって刺されるといった、陣取りゲームとしての野球の本質から外れたアウトも少なくなることでしょう。子どもたちがする三角ベース野球や、私たち一般人がレクリエーションとして行うソフトボールはベースコーチなしでも成立しますから、このルールは一定以上の攻撃力と守備力を備えた選手集団が野球を行うに際して、《面白さの保障》という観点から必要とされるものということができます。

ところで右にも触れたように、ルール上、このベースコーチは「所定の位置」につくことになっています。この点について『公認野球規則』は、ベースコーチが「常にコーチスボックス内にとどまる」よう指示し、それに違反のあった場合、「審判は（当該コーチを）試合から除き、競技場から退かせる」としています。野球の試合を見たことがある人なら誰でも気づいているように、ベースコーチを対象とするこのオフサイドルールは、現実にはまったく守られていません。甲子園の高校野球でもプロ野球でも、それに違反したベースコーチに審判が退場を命じるといった場面を、少なくとも私は見たことがありません。いわゆる運用停止のルールです。

このルールには付則のようなものがあり、それによるとベースコーチがコーチスボックスの外に出るのは「ここ数年来、普通の慣習《コモン・プラクティス》」（英語版による。日本語版では「ありふれたこと」）となっており、「相手チームの監督が異議を申し出ない限り」彼が問題のボックスから外に出ても、出たとみなさない、とされています。ルールの本則よりも付則の方が現実的な効力を担って存在するわけですが、なぜそうなったかの理由としては、本則が制定された頃と比べて、野球の攻防がよりスピードのある方向へと大きく変化を遂げたことが考えられます。当の本則を守っている限りコーチは走者に的確な指示を出すことができず、またそれはどのチームのコーチにも共通した思いであり、それゆえ本則の運用を停止して付則を設け、それに現実的な対応を委ねて緊迫したゲーム展開の創出を図ることで、《面白さの保障》という観点から野球全体の利益につながると判断されたのでしょう。

前に「法的安定性の確保」というルール機能を検討した項で、「選手に実行可能な内容のものであること」「選手の意識と合致していること」という性格をルールは備えている必要があると述べました。ベースコーチに関する『公認野球規則』の本則は、すでに関係者にとって実行可能な内容のものでなく、また彼らの意識とも合致を示しておらず、その点にこのルールの本則が運用停止となった根本の原因を見ることができます。私が所有する『公認野球規則』の最も古い日本語版は一九八三年発行のものですが、この本則と付則から成るベースコーチ・ルールはそれよりもずっと以前から存在し、現在もなお、同じ文章のまま存在しつづけています。この場合、ほかの競技規則にならって不都合なオフサイド規定を本則から削除し、より現実に見合った形に書き換えようとしないのは、ある意味で不思議なことといわなければなりません。おそらく、それで用が足りると判断されてのことでしょう。

ⓑ『日本学生野球憲章』の問題

これは競技規則ではありませんが、現実にほとんど運用停止の状態にあるスポーツのルールとして、日本学生野球協会が一九四六年に定めた『日本学生野球憲章』を挙げることができます。たとえばその第三条に、「試合はすべて学業に支障がないときに行わなければならない」とありますが、この規定をそのまま適用すると現実に運営が成り立たなくなる大学野球リーグや高校野球の県予選トーナメントを、私たちはいくつも列挙することができます。といって、この規定に反して授業日に試合をしたチームが、「この憲章を誠実に執行するために」（第二条）設けられたという日本学生野球協会から処罰を受けたという話は聞いたことがありません。それとは逆に、この第三条の精神に基づいて授業日であることを理由に公式戦を自主的に欠場する高校や大学のチームがあったとき、いったい学生野球協会はどういう処置をとるのか、大いに興味のあるところです。この場合、一般論として、欠場チームには不戦敗以上の厳しい制裁が所属する野球連盟から加えられる可能性がありますが、それを日本学生野球協会は認めるのか、という問題です。ここには大きな矛盾が存在します。この矛盾を当たらず触らず的にうまく処理するには、要するにこの第三条規定を運用停止のまま放置しておけばよいということになります。

長期にわたって運用を停止されてきた規定がある日突然、改めて適用の対象とされたりすると、大きな混乱を招くことはいうまでもありません。大学野球選手も高校野球選手も従うべきとされる『憲章』第十三条がその例で、次に掲げるのがその条文です。

「選手又は部員は、いかなる名義のものであっても、他から選手又は部員であることを理由として支給され又は貸与されるものと認められる学費、生活費その他の金品を受けることができない。但し、日本学生野球協会審議室は、本憲章の趣旨に背馳しない限り、日本オリンピック委員会から支給され又は貸与されるものにつき、これを承認することができる。

② 選手又は部員は、いかなる名義によるものであっても、職業野球団その他のものから、これらとの入団、雇傭その他の契約により、又はその締結を条件として契約金、若しくはこれに準ずるものの前渡し、その他の金品の支給、若しくは貸与を受け、又はその他の利益を受けることができない。」

二〇〇七年のはじめ、プロ野球のパシフィック・リーグに所属する球団がプロ野球界全体の申し合わせに反する形で、高校・大学および社会人のチームに所属する野球選手を対象に、いわゆる裏金を支給していたことが判明しました。裏金を受けた学生選手の側からすれば、それは『憲章』第十三条第二項に違反する行為でもあり、この問題に背中を押される形で日本高等学校野球連盟が同条第一項の遵守方について実態調査をしたところ、実に八〇〇〇人に近い高校野球の選手が特待生として、すなわち授業料等を免除される形で学校に在籍し、その野球部で活動をしていることが明らかになりました。その数の多さを前に、高校野球連盟の責任者は「驚いている」とのコメントを発したのですが、そうした認識はとりもなおさず、この第十三条規定が運用停止のまま、ずっと放置されてきたことを意味しています。学生野球協会がその責務として「憲章を誠実に執行するために」毎年、第十三条の遵守にかかわる指導を関係の連盟を介して具体的な形で行っていれば、あるいはその運用に必要な個別ルールの策定に当たっていれば、少なくとも責任ある立場の者がそうした反応を示すはずはありませんから……。二〇〇七年だけで八〇〇〇人という特待選手の数字は、それ以前の一〇年間あるいは二〇年間では累積数にしてどのくらいのものになるのか、大よそのところを類推させてくれます。その意味においてこの『憲章』第十三条は、法的安定性の確保という点から多くの不備を宿している法律、すなわち俗にいうところのザル法にも当たりません。実際、ある法律が曲がりなりにも現実に機能し、少なくともその運用をめぐる議論と価値評価があってはじめてそれはザル法と呼ばれるのであり、単純に運用を停止されたままであった第十三条規定は、上記の第三条規定と同様、その種の揶揄的な呼び方の対象とされるにも値しません。

思うに、この『日本学生野球憲章』は、その前文として書かれた日本語文に見られる古色蒼然とした語彙や文体、その精神主義的な野球理念、あるいはプロ野球をなおも職業野球と呼びつづけるアナクロニックな言語感覚などを含めて、その中身の大半が、すでに現代という時代にそぐうものではありません。たしかに学生野球連盟の指導者がいうように、学生野球の歴史やその現在のあり方は、他のスポーツ種目のそれと同一に語れないところがあります。明治大正期に数多くのエリート知識人が学生としてこのスポーツにかかわったことはよく知られていますし、彼らが英語の野球用語を漢語に直して適宜に邦訳したことからも、その歴史には知的な独自性がうかがえます。しかし学生野球の歴史はそうした側面だけでなく、後発の「職業野球」と抜き差しならない確執の関係にあったという点からも、他のスポーツには見られないその特異性を理解する必要があります。そして金銭を受領して行う「職業野球」をともすれば卑下して見るその立場が、結果として『学生野球憲章』の第三条や第十三条、さらには「職業野球」関係者との接触を厳禁する第十条となって表れたといってよいでしょう。そうした規定が制定された当時、スポーツ界は厳格なアマチュアリズムによって支配され、また現実問題としても「職業野球」を除けば、スポーツによって生計を立てられる可能性はほとんどありませんでした。現在の価値基準から過去の出来事を安易に否定する立場を「ホイッグ思想」と呼んで避けるべきものとされますが、とくに第十三条の規定はそれが制定された当時の社会においては当然というか、むしろそうとしか考えられなかったという性格のもので、それを今日的な視点から安易に批判することは許されません。そうした性格の『学生野球憲章』は変わらないまま、スポーツを取り巻く社会的環境の方が大きく変化を遂げてしまったということです。

いっさいの金品支給や貸与を禁止する『憲章』第十三条は、勉学や芸術に秀でた者に認められる特待生制度や奨学金制度の適用から野球の選手を排除しようとするもので、そうする権限が高等学校野球連盟にあるかどうかの議論はさておいても、少なくともそれは《等しくない者を等しくなく扱え》という配分的正義の精神に即したものではありません。また日本オリンピック委員会からの便宜供与を第十三条の但し書きは認めていますが、その際の条件とされる「本憲章の趣旨に背馳しない限り」とはどのようなことを意味しているのか、まったく明確ではありません。それだけに、個々の高等学校が採用する特待生制度や奨学金制度も、その扱いと運用によっては「本憲章の趣旨に背馳しない」可能性があるように思われるのですが、第十三条の運用停止は、そうした個別のケースを公的に吟味し議論する機会を生むこともありませんでした。別の見方をすれば、それは第三条と同様、あるべき法的安定性の確保に何らの貢献もしてこなかった半面、特待生選手に関する別の制度を暗黙裏に成立させてしまったということです。この制度は法社会学でいう《生ける法》、すなわち慣習的ルールとしての地位を、すでに中学や高等学校の野球関係者の間で確立していると見てよいでしょう。特待生に選ばれた野球選手がクラスの仲間から称讃を浴びたり、羨望のまなざしで見られたりするという話が、そうした解釈に信憑性を与えてくれます。

加えてこの特待生制度の運用に必要な資金は無から生じるはずはなく、他の一般生徒や学生が負担する学校納付金でまかなわれることになります。この場合、『憲章』規定の存在が当該の便宜供与制度を公然の秘密ながら人の目に触れさせない圧力として存在する限り、学校はその点についての了解を正規の制度的な枠組みのなかで一般生徒から得ることは困難になります。またそうした非公然の制度を活用して選手集めをした学校とそうでない学校とが、同一の枠組みのなかで全国大会の予選を戦うことに、何らの問題もないとはいえません。もっと単純な発想をすれば、県代表として全国大会に臨む高等学校の野球チームが慣例として広く募るカンパ金は、明らかに「他から選手又は部員であることを理由として支給され」るものですが、それは『憲章』第十三条に抵触しないのでしょうか。このようにして第十三条の運用停止はいくつもの矛盾を生みながら、それらをすべて放置してきたということになります。

すでに述べたとおり、野球を含めたスポーツは、人間に備わるランガージュが生み出した「過剰としての文化」の一つです。このスポーツはしかも競争を、その固有の属性として内包しています。そこでは厳格な順位づけによる関係性が重視されることから優秀なスポーツ成績を収めた選手には稀少性という経済的価値が生まれ、この稀少性が市場の原理によって貨幣価値に換算され、高校や大学の野球の場合、一つには授業料の免除といった形をとって表れます。それがよいとか悪いとかいう以前に、記号に支配された社会ではそうした方向に進まざるを得ないという認識に立ち、そこから必要とされる個別ルールの構築へと向かうのでなければなりません。そうした関係性システムの外側に野球だけが位置している、また位置しているよう強要できると考えるのはもはや不可能です。加えて『憲章』第十三条の解釈や運用をめぐっては大学野球連盟と高等学校野球連盟の間で大きな意見の食い違いがあり、それについてどちらが正しいかといった議論をすることは無意味です。すでにこの規定が現実的な意味をもたないことの、それは一つの証《あかし》にすぎないのですから……。こういう場合、競技規則であれば右で見たベースコーチにかかわるオフサイドルールのように、すぐに修正ないしは補足の措置がとられます。それに倣って『日本学生野球憲章』も、現実の運用に耐えるものに書き換えられるのでなければなりません。

最後に述べれば、民法的な債権債務関係に関していわれる諺に、「権利の上に眠る者は保護せず」というのがあります。これを公法的な性格の関係に即して言い換えれば、「権威の上に眠る者は保護せず」となるでしょう。関係の社会集団に一定の秩序の確立を求める者は、そのために必要な監視業務を常にみずからに課していなければならず、それを怠る者に当該秩序の違反者を批判する権利はありません。ましてや長期にわたって運用が停止されたままの規定を突如復活させ、それを楯に違反者に制裁を加えたりしようとする試みは、もっと筋違いの話だということになります。

【4】……ルールはなぜ守られるべきか？

ルールを疑うことと、ルールを守ることとは、まったく別の問題です。少なくとも前者が後者を、また後者が前者を否定してよい論拠とはなりません。ルールの存在理由について問いかけを発し、その上で当該ルールの宣言内容をそのままの形で採用するか、何らかの手直しを加えた上でそうするか、あるいはそれをまったく無視してしまうかは、要するにスポーツをする当事者どうしの合意的判断に委ねられます。つまり、これが「疑う」ということの具体的な中身なのですが、そのようにして疑われ、関係者の間でいったん「合意」が成立した以上、その「合意」は守られなくてはなりません。これがルールを守るということの正しい意味であって、「疑う」という手続きを経ないままなされるルール遵守は、単なる権威主義や教条主義の裏返しにすぎません。

法やスポーツルールは、あるイデオロギーに基づく秩序を社会集団のなかに打ち立て、そこでの人間関係を律しようとするものです。もちろん法やルールがあるからといって、関係のイデオロギーをそのままに反映した秩序が直ちに出来上がるとは限りません。法には抜け道があり、スポーツのルールには悪用の余地が常に残されています。法にせよスポーツルールにせよ、原理的にこれを眺めれば、その適用や運用に関する人間臭いどろどろした問題を絶えず内奥に抱えながら、なお立法の動機としてあるイデオロギーの社会集団における最大限の貫徹を期待しつつ、いわばギリギリのところで妥協を行うものだからです。こうしてバスケットボールでは試合時間が残り二四秒を切ると、得点でリードしているチームがボールを保持している限り、観客はただのボール回しを見せられるだけとなります。サッカーのゲームでも同じで、ゲームの残り時間が少なくなると積極的な攻防は見られなくなり、勝っているチームが敵陣地のコーナーフラッグ近くでただボールを失わないよう踏ん張っているだけ、といった光景がよく見られます。そうした行為には観客席から野次や口笛が浴びせられますが、かといってルール的にそれを規制することはむずかしく、まさにこの場合、角を矯《た》めて牛を殺すわけにはいかないのです。

スポーツのルールを定めた裏にあるイデオロギーとは《面白さの保障》ですが、何が面白くて何が面白くないかは当事者の主観に委ねられます。公式ゲームでその《面白さ》をどう保障するかをめぐって関係者が現実の試行錯誤のなかで到達した一応の結論が、それぞれの種目に備わる現行の公認競技規則です。ただ、その規則を運用するに際して右に触れたような時間稼ぎは罰せられず、逆に罪を犯す意思のない選手が外見だけで罰せられることがあります。あるいは審判に気づかれない悪辣な挑発行為はそのままにされ、その挑発に乗って頭突きを食らわせた選手だけが退場を命じられたりします。そこに規則適用者である審判の恣意は何も介在していないにもかかわらず、なぜそのようなことが起きるのでしょうか。それはほかでもない、スポーツのルールが《面白さの保障》というイデオロギーに基づく関係者の合意的宣言であることを、当の関係者の一人であるはずの選手がよく理解していないか、理解していながらもその合意を故意に踏みにじるかするためです。

スポーツにおいて人間は、それ自体としてはまったく意味のないことをします。しかしそのスポーツはルールによって面白くなるよう仕組まれています。する人が《面白さ》を楽しむための、また観る人にその《面白さ》を楽しませるための、一つの意味ある活動へとルールが仕立て上げているのです。する人にとっても観る人にとっても面白くないスポーツなど、この世に存在するべき理由がないわけで、その原因がルール上の不備にあるのなら手直しが必要となるし、選手のルール無視にその原因があるのなら、彼は断固として罰せられなければなりません。《面白さの保障》――この目的に奉仕するルールは自主的に守られなくてはならず、それを無視することはスポーツそのものの否定につながります。

ヴィノグラドフはこう述べています――「(法規範は) 道徳の規範ではなくて、便宜の規範である。(……) それは親切とか寛容とか誠実とかから生まれたものではなく、ある人の利益が他人の利益と関係しているという考え方から生まれたものである」(『法における常識』)。

スポーツのルールも、その本質が「便宜の規範」であることに変わりはありません。それを守ることを介して「ある人の利益が他人の利益と関係し」、最終的にはスポーツ全体の利益につながります。それ自体としては無意味な活動に意味を付与するための「便宜の規範」がスポーツのルールであってみれば、それを無視した行為をスポーツの場でとることほど無意味な行いも、またこの世にはないということができます。こうして人はスポーツの場でルールを守るのでなければ、まさしく意味のない徒労に身を駆り立てる愚を犯すことになります。

ルール管理者の創意あふれる工夫により、《面白さ》を保障するルール的要件を現時点のスポーツが備えることは、本書で見てきたとおりです。その《面白さ》を、選手が挑発や暴力やスポーツ・ドーピングに頼んでぶち壊しにすることがあってはなりません。ランガージュが生み出した「過剰としての文化」であるスポーツを他の文化と同様、人間が行うべき意味と価値のあるものとして存続させていくためにも、スポーツをする人・観る人・支える人すべてがルールの存在理由を正しく認識し、ルールを守ることの意味を正しく理解することが望まれます。

あとがき

このところスポーツや運動をめぐっては即効的なハウツー物が好まれ、こうすれば痩せられるとか健康になれるとか、スコアが伸びるとか試合に勝てるとかの解説書が花盛りである。毎月のようにそうした出版物がとっかえひっかえ出されるところを見ると、それほど深い根拠のある理論や知見がそこにあるわけでもないようである。遠いルネサンスの時代に、イタリアの医師メルクリアリスやフランスの剣術師範サン・ディディエが展開した運動効用論の再録を見るようで、まさに歴史は繰り返すといった思いが募る。本書はそうしたものとは一線を画する。流行りのジャーナリスティックなテーマを追いかけた書でもない。

思うに、科学とは分類である。切れ目のない連続した現実世界に切り込みを入れ、有限の概念に区分けをして提示する作業がそれである。それなくしてわれわれの認識は前へと進まず、いつまでたっても脈絡のない世界を堂々めぐりするだけである。本書は法学的な切り口からスポーツとそのルールに迫り、論理的な考察を介して、そこに一つの分類を施したものである。そこではかなりの抽象的な思考が要求され、ハウツー物でないそうした認識を、また、知ったところでスポーツが上手くなるわけでもないそうした論理を、講義でじっくり学生に聞かせるのは近年、ますますむずかしくなってきた感がある。手軽な参考書が是非とも必要であるとは常々思っていたところで、その意味においても本書を刊行できたことの喜びは大きい。

本書で展開したスポーツルール論の根幹をなす部分は、すでに拙著『スポーツとルールの社会学——《面白さ》をささえる倫理と論理』(名古屋大学出版会、一九八四年)で明らかにしたものである。爾来、二十年以上が経過したが、そこで主張したルール機能論とルール構造論は古臭くなるどころか、それ以降にあった種々のスポーツルール改定を見るにつけ、むしろますますその適用の度合いが増すようになったとさえ考えている。一般の人びとを読者とするには少々記述が重すぎた右の著者において、私は過去に活字となった虚しいばかりの観念的スポーツルール論——そのなかには本書の終わり近くで触れた、例の「徳行の士」の手になるものもある——の批判にかなりのスペースを割くことをしたが、本書ではそうしたものをすべて取り去り、新たにじゃんけんルール論や野球のアピール・ルール論、さらには遊び論を書き加えることで、スポーツルール論の本質的部分だけから成る、まったく新しい一冊がここに出来上がったと自負している。

本書を上梓することは私の積年の願いであったが、これまで、ある事情がそれを許さなかった。ほかでもない、右にも触れた野球のアピール・ルールが、なぜ、何のために存在するのか、容易にその理解がつかなかったからである。まるで奥歯に物の挟まったような状態でいながら、しかし人間というのは理解のつかないことは敢えて遠ざけようとするもので、そうして真っ正面から問題に立ち向かわないまま、いたずらに時間ばかりが過ぎていった。このアピールが野球に存在する理由を明らかにしない限り私のルール論は未完のままという思いが強く、それなしで見切り発車をすることはできなかった。意を決して暗中模索に身を投じることにしたのが昨年の春であったが、果たしてその見返りは大きかった。本書に示したとおりのアピール・ルール論に行き着いたときの知的爽快さは、まさに望んでも得られない種類のものであった。

前著と同様、ごく当たり前のことを、ごく当たり前に述べたにすぎない、というのが、本書を書き終えた私の、偽らざる実感である。といって、あのパスカルの有名な言葉をここに引くだけの自負を、私はその内容に関して持ち合わせていることも述べておきたい――「だからといって、私が何も新しいことを言わなかったと言わないで欲しい。材料の並べ方が新しいのだ」。

この材料の並べ方であるが、その主要なところはグラウンドで考えたといってもよいであろう。私が部長をつとめる大学のサッカー部は三つのチームからなり、その一つは朝の七時過ぎから練習をはじめる。そうして早朝から選手と一緒にグラウンドに立ちながら、前の日に進めた論理展開が妥当なものか、振り返ることを習いとした。この習いは全国ベスト四やベスト八をかけた大学サッカー選手権の試合でベンチに座ったときも私を去らず、人が何か新しい思考に行き着くのは机を離れ、むしろ散歩などをしているときの方が多いことを思うとき、マネージャーやトレーナーを含めたわがサッカー部の部員諸君がそうした機会を私に与えてくれたわけで、ここに記して彼らに謝意を表しておかなくてはならない。
最後になるが、本書の刊行に当たって、平井啓允氏をはじめとする大修館書店編集部の方々からはご理解とご支持に加えて、文章表現や内容構成にかかわる懇切丁寧なご助言をいただいた。ここに衷心よりお礼を申し上げる次第である。

二〇〇七年春　葵智俊の生地にて

中京大学　守能信次

さくいん

●アルファベット

●かな

[著者紹介]
守能　信次（もりの　しんじ）
中京大学名誉教授
1944年　大阪府生まれ
1971年　東京大学大学院教育学研究科修士課程修了
1978年　ディジョン大学大学院経営経済研究科博士課程修了、経済学博士
専攻　体育学
著書　『国際政治とスポーツ』（プレスギムナスチカ）、『スポーツとルールの社会学――《面白さ》をささえる倫理と論理』（名古屋大学出版会）、『スポーツの社会科学』（全4巻、共編著、杏林書院）、『「アラブの春」のチュニジアで－おおらかな人と社会』（風媒社）ほか
訳書　アンドレフ&ニス『スポーツの経済学』（白水社）、パークハウス『スポーツマネジメント』（編訳、大修館書店）、ジュスラン『スポーツと遊戯の歴史』（駿河台出版社）、ベシュテル＆カリエール『万国奇人博覧館』（ちくま文庫）

スポーツルールの論理《ろんり》

NDC780／237p／20cm

初版第１刷――2007年７月10日
　　第３刷――2025年４月１日

著者――――守能《もりの》　信次《しんじ》
発行者―――鈴木　一行
発行所―――株式会社 大修館書店
〒113-8541　東京都文京区湯島2-1-1
電話03-3868-2651（営業部）　03-3868-2297（編集部）
振替00190-7-40504
［出版情報］ https://www.taishukan.co.jp

造本装丁―――石山智博
本文組版―――有限会社 秋葉正紀事務所
印刷――――横山印刷㈱
製本――――ブロケード

ISBN 978-4-469-26638-2　　Printed in Japan